Transformados por Gracia
Perspectiva paulina de la santidad en Romanos 6- 8

Transformados por Gracia
Perspectiva paulina de la santidad en Romanos 6- 8

J. Ayodeji Adewuya, Ph. D.

Traducción al español
Déborah Enid Ortiz Rivera

Cascade Books
A division of *Wipf & Stock Publishers*
199 West 8th Avenue, Suite 3 • Eugene OR 97401

Cascade Books
A division of Wipf and Stock Publishers
199 W 8th Ave, Suite 3
Eugene, OR 97401

Transformados por Gracia
Perspectiva paulina de la santidad en Romans 6-8
By Adewuya, J. Ayodeji
Copyright©2005 by Adewuya, J. Ayodeji
ISBN: 1-59752-187-6
Publication date: May, 2005

Dedicatoria

Al pastor W. F. Kumuyi
Superintendente General del Ministerio para La Vida Cristiana Profunda.
De quien aprendí *el camino de la santidad*.

Prefacio

Cada libro tiene su historia. Este libro forma parte de mi peregrinaje cristiano. Es un testimonio acerca del poder de Dios y de las posibilidades de su gracia. Nací y fuí criado como Metodista. Posteriormente, ya en mi adolescencia, fuí bautizado en el Ejército de Salvación. Ambas denominaciones –Metodista y Ejército de Salvación– pertenecen a la tradición Wesleyana de la santidad. Sin embargo, no fue sino hasta 1974, un año después de mi conversión, que tuve contacto con una enseñanza más profunda sobre la santificación. Mientras estudiaba varios libros sobre el tema de la santidad para la edificación personal, se me hizo más evidente la importancia de Romanos 6-8, para la doctrina de la santificación. Tomé conciencia, además, sobre el debate teológico con respecto a esta sección de la Epístola a los Romanos. Tal parece que el capítulo 7 de esta Epístola se ha convertido en un refugio para muchos creyentes que argumentan en contra de la posibilidad de obtener la victoria sobre el pecado en este tiempo. Lo que puede explicar por qué, tanto los especialistas en temas bíiblicos como los intérpretes de la Sagrada Escritura, subestiman la importancia de la gracia, así como por qué otros exageran el poder del pecado.

Los estudios de post-grado que realicé, despertarón aún más todavia, mi pasión por el tema de la santidad y el significado de Romanos 6-8 para una comprensión de la misma, junto con el estudio de otros textos bíblicos cruciales sobre este tema. Cuando en el 2001 me incorporé a la Facultad del Seminario Teológico de la Iglesia de Dios (Cleveland, Tennessee) se me concedió el privilegio de enseñar un curso sobre "La Santidad en Pablo." En aquella ocasión, no fue sorpresa para mí, que Romanos 6-8 fuese uno de los textos clave para este curso.

Este libro da cuenta de la amplia discusión sobre el tema de la santidad en el corpus paulino. Es mi oración y esperanza que las siguientes páginas, despierten en Uds. la pasión por conocer el pensamiento paulino sobre la santidad y, consecuentemente, que les desafíe a ser como Cristo.

Índice

1. Introducción 13
2. Libre... ¡pero!—Romanos 6:1-23 19
3. No por la ley— Romanos 7:1-25. 41
4. Sino por mi Espíritu— Romanos 8:1-39 60
5. Santidad: Más allá de Romanos 6 al 8 83
   Notas 99
   Bibliografía 106

Reconocimientos

Aunque las ideas expresadas en este libro, así como los errores que el lector pueda encontrar son totalmente míos, terminar de escribir no hubiera sido posible, sin la ayuda de varias personas. En tal sentido, estoy profundamente agradecido a las siguientes personas que dieron parte valiosa de su tiempo para leer el manuscrito. Al Dr. Rickie Moore mi colega en el Seminario Teológico de la Iglesia de Dios. También al Dr. Dean Fleming del Colegio Bíblico del Nazareno en Suiza y al Dr. Kent Broker del Colegio Bíblico del Nazareno en Manchester. Asimismo, tengo una gratitud muy especial para el Dr. David Root, Editor General de "Cascade Books", por su apoyo y su deseo de ver este libro impreso. Finalmente, tengo que agradecer a mi asistente Bill Powers, quien me ayudó de manera sacrificada en la redacción de algunas secciones del manuscrito. Dada mi escritura, esa tarea de redacción, fue todo un desafío para él.

Capitulo 1

Introduccion

Orisa, boo le gba mi, se mi boo se ba mi.
Dios, si no puedes salvarme o cambiarme, déjame como me encontraste.
(Oración Africana)

Esta oración africana escrita en el idioma *Yoruba*, tiene tres lecciones bastante valiosas, las mismas que sirven de trasfondo al autor del presente libro en su investigación sobre el tema de la santificación en Romanos 6-8. En primer lugar, la creencia del autor de esta oración, sobre la capacidad que tiene su "dios" para salvar. En segundo lugar, la expectativa de que la salvación tiene como correlato un cambio radical en las circunstancias de la vida. En tercer lugar, la afirmación de que una salvación o liberación a medias, no debe ser tomada como una auténtica salvación. En otras palabras, por definición, la salvación o liberación tiene que ser completa (He. 7:25). La siguiente discusión sobre la santidad cristiana, está enmarcada dentro de la creencia africana en Dios, como *Oba tii gbani lagabatan*. Palabras que significan que Dios es el "Rey que salva y liberta por completo". A pesar de que muchos creyentes aceptan que la santificación es un aspecto central en la vida y en la experiencia cristiana, la misma ha sido blanco de un serio rechazo y de una comprensión equivocada. El desconocimiento que un sector significativo de creyentes tienen sobre la doctrina bíblica de la santidad, ha causado que muchos la consideren como imposible de alcanzar. O, en todo caso, como un concepto teológico o teórico irrealizable en el presente. Muchos creyentes parecen aceptar la idea de que la santidad tiene que ser una doctrina que debe ser creída. Sin embargo, no la aceptan como una cualidad que tiene que ser demostrada cada día. En tal sentido, uno podría preguntarse si este punto de vista, no será en realidad una manera de evitar cumplir con las demandas de una vida santa. A pesar de essa actitud, tiene que estar claro, que la santificación no puede ser descuidada por aquellos que desean comprender el evangelio y que tratan de ser obedientes a Cristo. Esto es así, porque la santidad forma parte de nuestra responsabilidad como creyentes; está ligada íntimamente a nuestra felicidad en Cristo; y tiene que ser nuestro principal propósito en la vida. Al respecto, Joel Beeke acierta, cuando afirma que:

> El llamado a la santidad tiene una connotación integral. Esto es así, porque se relaciona con toda nuestra vida. En otras palabras, se relaciona con el alma y el cuerpo, el tiempo y la eternidad. Incluye también cada esfera de la vida en la que nos movemos, nuestro compromiso con Dios, la intimidad de nuestras casas, el mundo competitivo del trabajo, el placer de las relaciones sociales... Es un llamado que incluye los siete días de la semana y los 365 días del año. Es radicalmente inclusivo porque tiene que ver con la fe religiosa y con la práctica de esa fe..[1]

La vida cristiana tiene que ser, por un lado, una victoria sobre el pecado, por otro, un contínuo crecimiento a la imagen de Cristo. Esta meta ha sido puesta, delante de nosotros, como un desafío que exige un esfuerzo permamente de nuestra parte .

La influencia y el mensaje de Romanos

La profunda influencia que la Epístola a los Romanos ha tenido sobre la iglesia está ampliamente documentada en la literatura cristiana. La "conversión" de San Agustín, la Reforma Protestante iniciada por Martín Lutero, y la experiencia de Juan Wesley en Aldersgate, son algunos de los ejemplos más notables de personas cuyas vidas fueron profundamente impactadas por el mensaje de este libro del Nuevo Testamento..

A pesar de la amplia discusión y de los puntos de vista divergentes que existe entre los académicos, particularmente sobre el propósito de la Epístola a los Romanos, no cabe duda que san Pablo la escribió como un pastor-teólogo con la intención principal de sostener, animar y edificar a los miembros de la iglesia a la cual se dirige esta Epístola. Uno de los planes que dejó bastante claro en este documento fue su intención de ir a Roma para "predicar el evangelio" (Ro.1:15). Esta frase ha sido interpretada frecuentemente en términos de evangelización. Es decir, con la tarea de proclamar las buenas nuevas a los pecadores, para traerlos al conocimiento de Cristo como Salvador. Así, a la luz de esa interpretación, la evangelización se convierte en sinónimo de ganar almas. Sin embargo, para Pablo, la tarea de predicar no se limita a alcanzar a los inconversos con el evangelio, sino que incluye también la tarea de instruir, exhortar y amonestar. Lo que explica por qué él, habla sobre predicar el evangelio a

Introduccion

los romanos, que ya eran cristianos. Consecuentemente, para Pablo, la proclamación del evangelio incluye exhortaciones y desafíos a vivir una vida que sea digna de la fe que han asumido. Una vida que sea transformada por la gracia de Dios y que se evidencie claramente en el fruto de la santidad. Pablo no separa la vida en comunidad de la adoración, ya que para él, ambas son partes inseparables de una vida totalmente santa. Más aun, desde una perspectiva paulina, "evangelizar" abarca toda la tarea del apóstol en la proclamación del evangelio. Desde una perspectiva paulina, uno no puede distinguir, entre la predicación con fines misioneros y la predicación dirigida hacia la iglesia (ver. Ro.1:1; 15:20; Gá. 1:16, 23).[2]

El énfasis en la condición pecaminosa del corazón humano, la posibilidad de ser transformado por la gracia de Dios y quedar sin culpa, constituye gran parte de la preocupación del apóstol Pablo en sus escritos. Esto es particularmente cierto en la carta a los Romanos. En los primeros capítulos de esta carta trata sobre el problema del pecado y su relación con la humanidad. Comienza su Epístola con una de las descripciones más gráficas sobre el pecado de la humanidad registrada en la Sagrada Escritura Para. Es necesario tener en cuenta este cuadro decadente, descrito en Ro. 1, para entender la clase de humanidad que Dios busca salvar y transformar, por medio de su gracia. Pablo comienza su discurso en Ro. 1:16-17: *"Porque no me avergüenzo del evangelio, porque es poder de Dios para salvación a todo aquel que cree; al judío primeramente, y también al griego. Porque en el evangelio la justicia de Dios se revela por fe y para fe, como está escrito: Mas el justo por la fe vivirá"*. Para luego añadir: *"Porque la ira de Dios se revela desde el cielo contra toda impiedad e injusticia de los hombres que detienen con injusticia la verdad"* (Rom.1:18). A la luz de esta sección de la carta, uno puede plantear la siguiente pregunta, ¿qué pudo haber traído la ira de un Dios amoroso sobre sus criaturas?

Como argumenta en Ro. 3:1-20 y, particularmente en Ro. 1:18-32, el problema es el pecado. Pablo sostiene que el pecado, cualquiera sea su forma o su intensidad, no es asunto liviano. El presenta al pecado como un acto de rebelión deliberada contra la verdad de Dios y contra su justicia revelada. Y sostiene que la humanidad precipitó su caída al no honrar a Dios como Dios: *"...sino que se envanecieron en sus razonamientos, y su necio corazón fue entenebrecido"* (Ro.1:21). En su desobediencia voluntaria, *"...Dios los entregó a la inmundicia, en las concupiscencias de sus corazones"*, *"... a pasiones vergonzosas"*, *"... a una mente reprobada, para hacer cosas que no convienen"* (Ro.1:24, 26, 28). El cuadro que presenta sobre la condición humana, resultado del pecado y las consecuencias del mismo, no da lugar a dudas. En Ro. 3:9-23, describe hábilmente el dilema humano, mostrando lo horrendo del pecado y la universalidad del mismo. Desde su perspectiva, más allá de la posición social, del género, de la genealogía, del lugar de origen, del credo o de la religión, sin Cristo, la humanidad está bajo condenación. ¿Existe esperanza para los seres humanos? Pablo afirma que sí. Pablo, sin perder de vista la situación desoladora en la que el pecado ha dejado a la humanidad, puntualiza que la salida para esa situación es la justificación. En tal sentido, sostiene que el perdón y la reconciliación, han ido dadas por Dios. Al respecto, el énfasis que pone en el aspecto corporativo del pecado sobre todo en Ro. 1:16-3:20, resulta impactante.

Pablo piensa en la humanidad en términos corporativos, antes que en meros individuos, aunque esto no queda totalmente excluido. A la luz de ello, debemos aceptar la posibilidad de que Pablo entiende la justificación de los impíos como un asunto relacional, con una fuerte connotación corporativa. El texto bíblico coloca tanto a gentiles como a judíos en la misma categoría, ambos son culpables; ninguno de los dos grupos es justo delante de Dios. Aunque los judíos pueden haber sido los únicos capaces de reconocer las fuentes del Antiguo Testamento que Pablo cita en este pasaje, las metáforas son simples y poderosas. Pablo concluye con la afirmación –la misma que desarrollará más adelante- de que el propósito de la ley es hacernos concientes del pecado.

¿Cómo pueden los seres humanos que están en pecado relacionarse con Dios? ¿Cómo pueden volverse justos los seres humanos? Desde una perspectiva teológica: ¿Cómo es que Dios justifica al pecador y qué es lo que esto significa? En varias secciones de Ro. 1-3, afirma que la justicia de Dios, constituye un regalo que Dios da, bajo la condición de que sea aceptada por la fe. Sobre el particular, Pablo en Ro. 3: 21-26, proporciona una explicación detallada. En primer lugar, la justicia de Dios es un regalo ofrecido a la humanidad en pecado, para que a través de esta (la justicia) pueda reconciliarse con El. En segundo lugar, el don de la justicia sólo puede ser recibido mediante la fe, y no por medio de las obras que los seres humanos puedan hacer (Ro. 3:.22, 28). En tercer lugar, la justicia de Dios ha abolido la distinción entre judíos y gentiles, no sólo porque todos han pecado y le han dado la espalda a Dios, sino porque todos pueden y son aceptados solamente por la fe (Ro. 3:.22, 23, 27-30). En cuarto lugar, la muerte de Cristo en la cruz, ha puesto al alcance de todos los seres humanos la justicia de Dios. Finalmente, aunque la enseñanza sobre la

Introduccion

doctrina de la justificación se encuentra en el Antiguo Testamento, la misma ha sido revelada claramente en Cristo (Ro. 3:.21, 25, 26). A medida que prosigue su discurso, Pablo reduce las diferencias entre sus oyentes, judíos y gentiles. El apóstol parte de la premisa de que ambos grupos solo tienen un camino hacia la justificación- a través de Cristo (Ro.3:21-4:25). En Ro. 4-5, tomando en cuenta una parte de la historia de Abraham y basándose en una cita de los Salmos (Sal.32:1-2), presenta a sus lectores un ejemplo de como Dios justifica al pecador. Debido a que la humanidad no pudo cumplir con los parámetros de la justicia divina, Dios tuvo que proveer el camino para la salvación, como lo ilustra la vida de Abraham cuya fe *"le fue contada por justicia"* (Ro.4:5,6). *"Dios atribuye justicia sin obras"* (Ro. 4:6). Sólo mediante la fe podemos ser justificados ante Dios. Pablo brevemente argumenta que: (1) Abraham fue justificado por la fe; (2) la justicia de David no provino de sus obras (v.6-8); (3) la justicia de Abraham no fue producto de la circuncisión (v.9-12), y (4) la justicia de Abraham no vino como consecuencia de su obediencia a la ley (v.13-17). Como afirmó un pastor: "Lo único que aportamos a nuestra salvación es el pecado del que somos salvados". El don de la justicia sólo puede ser recibido por fe (Ef. 2:8-9; Ti.3:5). Cuenta la historia que en 1860, Charles Blondin, cruzó cuatro veces las Cataratas del Niágara utilizando una cuerda puesta firmemente sobre ambos extremos de las cataratas. En una de esas ocasiones empujó un barril sobre la cuerda y en otra cargó a un hombre sobre su espalda. Luego ofreció llevar a uno de los espectadores que se encontraba presente, pero la persona se rehusó. "¿Crees que puedo hacerlo?", le preguntó. "Sí", respondió este, "pero no estoy dispuesto a intentarlo". La fe de Abraham demuestra que la fe es mucho más que simplemente creer en Dios o aceptar lo que El dice. Significa e implica una confianza y un compromiso deliberado con El.

En Ro. 6-8, Pablo trata sobre la nueva vida en Cristo, sus privilegios y sus obligaciones. En realidad, los tres capítulos, constituyen una unidad. Sin embargo, el capítulo 7 se concentra mayormente en el conflicto que existe entre la ley y el pecado, mientras que el capítulo 8 examina con mayor detalle la realidad de la nueva vida en el Espíritu Santo. En los capítulos 6 y 7, Pablo responde a quienes sostienen que la salvación por la gracia de Dios alienta el pecado (Ro. 6:1-14), permite el pecado (Ro. 6:15 al 7:6), y convierte a la ley en algo pecaminoso (Ro. 7:7-25). En el capítulo 8, demuestra como el Espíritu Santo capacita y fortalece al creyente para que viva de una manera que la ley no puede lograr. Toda lo señalado previamente indica que para entender el desafío de vivir una vida santa, como la experiencia de la conversión le exige al creyente, se hace necesario estudiar seriamente la enseñanza contenida en estos tres capítulos esenciales de la Epístola a los Romanos. (Ro. 6-8).

Capítulo 2

¡Libre... pero!- Romanos 6:1-23

1 de octubre de 1960. Todavía es bastante temprano. Ha ocurrido algo sumamente trascendental. Una nueva nación ha nacido y los vestigios de su pasado colonial han sido removidos. En lugar de la "Federación Nigeriana", una nueva bandera verde-blanca-verde flameaba en el horizonte. La tonada musical que caracterizaba a la Corporación Británica de Radiodifusiones, y que era puesta cada hora en el Servicio de Radiodifusión Nigeriano, había desaparecido. ¡Libre, libre, al fin libres!, gritaba la gente. Sin embargo, la relación con el amo colonial aún continúaba; pero se trataba de una relación completamente diferente a la que antes había existido Era una situación totalmente nueva. Como en ese caso, la nueva libertad trae consigo responsabilidades. Precisamente, esa es la situación que se describe en Ro. 6 -8. Nuevamente, como en el capítulo anterior, se hace necesario situar el texto bíblico en su contexto particular.

Romanos 1 -5 describe tanto la situación sin salida en la que se encuentra la humanidad como la libertad que introdujo la muerte de Cristo en la cruz. Una nueva era ha llegado. La salvación no es sólo una posibilidad, sino una realidad. Los creyentes Romanos a quienes Pablo escribe, estaban disfrutando de la libertad de su "antiguo amo", el pecado. Luego de describir en Ro. 5 los resultados de la vida bajo la gracia; y como esa vida de paz, júbilo y reconciliación ha sido posible gracias a la muerte de Cristo, Pablo rechaza categóricamente cualquier noción de que vivir bajo la gracia significa libertad para pecar. Lo que explica por qué en Ro. 6, demuestra que el creyente, debido a su nuevo estado – ya que se ha identificado con Cristo en su muerte y resurrección (Ro. 6:.1-14), convirtiéndose en esclavo de Cristo y de la justicia (Ro. 6:.15-23)– está llamado y capacitado para vivir una vida de santidad.

Ro. 6 plantea una pregunta crucial: ¿Cómo se relaciona el pecado con el creyente? Si el fin es la moralidad –moralidad que no se basa en el sacrificio de Cristo– y la gracia por sí sola es efectiva, entonces, ¿por qué no seguir pecando? Si después de todo, no depende de nuestras acciones, ¿qué importa cómo vivamos? ¿Cuáles son las implicaciones de la justificación? ¿Qué debemos hacer con la libertad que tenemos en Cristo? Pablo responde a cada una de estas preguntas en tres direcciones, las mismas que dividen a Ro. 6 en tres secciones naturales:: Ro. 6:1-11; Ro.

6:12-14; Ro. 6:15-23. En la primera sección de Ro. 6, Pablo trata sobre la nueva situación del creyente usando conceptos en el modo indicativo, como, *"muerto al pecado"* (Ro. 6:2), *"bautizados en Cristo Jesús"* (Ro. 6:3 a), *"bautizados en su muerte"* (Ro. 6:3b), *"sepultados juntamente con él para muerte por el bautismo"* (Ro. 6:4), *"nuestro viejo hombre fue crucificado juntamente con él, para que el cuerpo del pecado sea destruido"* (Ro. 6:6), y *"morimos con Cristo"* (Ro. 6:.8). En esta sección., Pablo señala las implicaciones de la unión de los creyentes con Cristo por la fe, la cual se hace visible en el acto del bautismo. Así, Pablo en estos versículos no está describiendo **cómo tienen que ser** los cristianos, sino que describe lo que ya **son** por la gracia de Dios. Según su punto de vista, después de la conversión y del bautismo, la primera responsabilidad de los creyentes es entender quienes son en Cristo.

En la segunda sección de Ro. 6, Pablo utiliza los indicativos para desafiar a los creyentes a que no tomen solamente acciones específicas, sino a que demuestren en sus vidas lo que ya son en Cristo. En otras palabras, les desafía para que vivan de acuerdo a su nueva condición, como parte del pueblo santo de Dios. En tal sentido, los creyentes tienen la responsabilidad de vivir según la nueva realidad en la que se encuentran, ajustar su estilo de vida a su nueva condición como hijos de Dios. En la tercera sesión, Pablo utiliza la metáfora de la esclavitud, para demostrar cuán absurdo es que el creyente continúe bajo el control del pecado. Lo que explica por qué en esta sección describe, simultáneamente, la vida del creyente como una vida de libertad y de esclavitud. Claramente en esta sección, se concentra mayormente en las implicaciones éticas de haber pecado y de vivir en pecado, y no tanto en proporcionar una explicación teórica sobre la relación entre el creyente y el pecado. Trata de demostrar la incompatibilidad que existe entre el pecado y la nueva vida en Cristo (gracia). Subraya así que la gracia y el pecado son mutuamente excluyentes. En suma, busca que los creyentes Romanos, entiendan que el evangelio de la gracia, bien entendido e interpretado, conduce a una vida, no de libertinaje (¡jamás!), sino de justicia.

A. La nueva situación del creyente: Los indicativos (Romanos 6:1-11)

1. ¿Qué diremos, entonces? ¿Continuaremos en pecado para que la gracia abunde? 2. ¡De ningún modo! Nosotros, que hemos muerto al pecado, ¿cómo viviremos aún en él? 3. ¿O no sabéis que todos los que hemos sido bautizados en Cristo Jesús, hemos sido bautizados en su muerte? 4. Por tanto, hemos sido sepultados con El por medio del bautismo para muerte, a fin de que como Cristo resucitó de entre los muertos por la gloria del Padre, así también nosotros andemos en novedad de vida. 5. Porque si hemos sido unidos a El en la semejanza de su muerte, ciertamente lo seremos también en la semejanza de su resurrección, 6. sabiendo esto, que nuestro viejo hombre fue crucificado con El, para que nuestro cuerpo de pecado fuera destruido, a fin de que ya no seamos esclavos del pecado; 7. porque el que ha muerto, ha sido libertado del pecado 8. Y si hemos muerto con Cristo, creemos que también viviremos con El, 9. sabiendo que Cristo, habiendo resucitado de entre los muertos, no volverá a morir; ya la muerte no tiene dominio sobre El 10. Porque por cuanto El murió, murió al pecado de una vez para siempre; pero en cuanto vive, vive para Dios 11. Así también vosotros, consideraos muertos para el pecado, pero vivos para con Dios en Cristo Jesús (Ro. 6:1-11)..

1. La unión del creyente con Cristo: Muertos al pecado

La pregunta de Ro. 6:1, sigue la línea de pensamiento que Pablo comenzó en Ro. 5:20: *"pero donde el pecado abundó, sobreabundó la gracia."* Las críticas hechas a Pablo de que su enseñanza sobre la justificación por la fe y la salvación por la gracia de Dios, promueven el pecado, provienen de una comprensión equivocada de la salvación y de la gracia, así como de lo que la fe en Cristo produce en la vida del creyente. Participar o compartir la gracia de Cristo, significa hacerse partícipe de su vida. Y donde está Cristo, el pecado se aleja, o se retira completamente. La gracia no promueve el pecado; más bien, alienta la justicia. Ya que se trata, como argumentaremos más adelante, de una compulsión dinámica hacia un nuevo estilo de vida. Esta es la premisa central sobre la que se fundamenta el resto de la sección.

En Ro. 6:2, Pablo comienza con una respuesta enfática (*"nunca"*, *"de ningún modo"*, *"imposible*)[3], seguida de la pregunta, *¿cómo viviremos aún en él?* El argumento del apóstol en esta sección se basa en la premisa fundamental de que los creyentes *han muerto al pecado*. La pregunta principal que debe ser respondida es: ¿qué quiere decir, o, a qué experiencia concreta en la vida del creyente se alude? Para responder a esta cuestión, Pablo recurre a varios conceptos en el modo indicativo que ilustran el hecho de Cristo, el logro de Cristo en la cruz. Como todos sabemos, el modo indicativo es utilizado para expresar hechos. Pablo usa indicativos como, *muertos al pecado*, para subrayar enfáticamente que los creyentes han muerto al pecado.[4]

Transformados por Gracia

En la historia de la interpretación, este concepto ha sido interpretado y comprendido de varias maneras, siendo la forma más común la interpretación forense o jurídica. Según esta interpretación, *muertos al pecado*, significa que Dios ha determinado legalmente que todos los que están "*en Cristo*" han muerto al pecado. Así, *morir al pecado*, significa que los cristianos han muerto al pecado porque Dios toma en cuenta la muerte de Cristo en favor de ellos. Usualmente el concepto de la justificación por la fe, que en este pasaje obviamente se alude, se convierte en una fórmula forense que sugiere una absolución objetiva estéril de la persona culpable., o como señalan correctamente algunos eruditos, una cuestión legal ficticia. En ese sentido, *muertos al pecado*, no se refiere ni se relaciona con una experiencia personal y definitiva en la vida del creyente. Esta interpretación es poco aceptable. Entre otras razones, porque en los siguientes versículos Pablo apela al conocimiento común de los romanos, especialmente a la experiencia del bautismo (Ro. 6:.3) que sugiere una experiencia real. Más aun, la segunda pregunta, "*¿cómo viviremos en él?*", no da lugar a ninguna interpretación jurídica de este versículo. Esta pregunta esta puesta en contraposición al concepto de *muertos al pecado*. Lo que indica que no puede ser correctamente interpretada y comprendida fuera de su dimensión existencial.. En consecuencia, parece más probable que los destinatarios originales de la carta, comprendieron el concepto de *muertos al pecado* en términos de una experiencia existencial. Así es como debe ser entendido este versículo. Pablo tiene que haber estado pensando en una experiencia en particular, cuando afirmó que los creyentes de Roma, *habían muerto al pecado*.

Una lectura cuidadosa de Ro. 6:1-11, da cuenta de que la frase *muertos al pecado*, se utiliza hasta en tres ocasiones en este breve pasaje. Dos de ellas están relacionadas con los cristianos (Ro. 6:.2, 11) y la otra está relacionada con Cristo. Estas palabras, *muertos al pecado*, indican lo que Pablo va a explicar más adelante:, la libertad que los creyentes tienen en Cristo, libertad del pecado. No cabe duda que este es un asunto crucial para todos aquellos que desean vivir como cristianos, sin embargo, a muchos creyentes les resulta difícil comprender esta exigencia. Como punto de partida para interpretar esta frase clave, se hace necesario y pertinente buscar una explicación, prestando atención a la muerte de Cristo al pecado. En tal sentido, la muerte del creyente al pecado, tiene que ser interpretada dentro del contexto de la muerte de Cristo. Aunque la experiencia de Cristo sobre la cruz del calvario es un hecho indiscutible, debemos distinguir claramente entre Su muerte y la muerte del creyente.

¡Libre... pero!- Romanos 6:1-23

La muerte de Cristo en la cruz fue mucho más que una muerte física. Fue una muerte relacionada con el pecado, una muerte cuyo correlato fue la separación espiritual de su Padre (Ro. 6:10). Lo que tiene que subrayarse es que, cuando Cristo murió por nuestro pecado, murió al pecado, lo acabó por completo. ¿Cuándo fue, entonces, que el creyente murió al pecado? Pablo sostiene que, cuando fuimos bautizados en conexión con la muerte de Cristo (v.3). morimos también al pecado. Además, Pablo en el versículo 7, dice: *"hemos muerto con Cristo."* Este versículo permite que hablemos tanto de la participación del creyente en la muerte de Cristo, como de haber muerto juntamente con El. El creyente murió al pecado cuando Cristo murió al pecado. Al usar el dativo *"al pecado,"* que también puede ser interpretado como *"en referencia al pecado,"* Pablo enfatiza el hecho de que la frase, *en cuanto al pecado*, se refiere a la muerte del creyente al pecado. Esto significa que el poder del pecado que gobernaba sobre nosotros ha sido destruido en Cristo. Somos una nueva nueva persona en Cristo. Ahora *"hemos sido unidos a El."*. Como ya se ha señalado en otro momento, este cambio se hace evidente en la vida del creyente. El uso del pronombre relativo *oi tines*, (traducido literalmente: *"gente como nosotros"*), sugiere el significado, *"nosotros, que por naturaleza somos"*, lo que indica una decisión ética. Además, sugiere también que Pablo se siente identificado con la experiencia sobre la cual escribe. Luego de haber establecido la base sobre la cual descansa su refutación a la pregunta retórica que hiciera Ro. 6: 1, la muerte del creyente al pecado, en la siguiente sección explica cómo los creyentes han muerto y cuáles son las implicaciones de esa muerte al pecado.

2. La enseñanza del bautismo (Ro: 6:3-5)

> *3. ¿O no sabéis que todos los que hemos sido bautizados en Cristo Jesús, hemos sido bautizados en su muerte? 4. Por tanto, hemos sido sepultados con El por medio del bautismo para muerte, a fin de que como Cristo resucitó de entre los muertos por la gloria del Padre, así también nosotros andemos en novedad de vida. 5. Porque si hemos sido unidos a El en la semejanza de su muerte, ciertamente lo seremos también en la semejanza de su resurrección* (Ro. 6:3-5).

En esta sección Pablo continúa su explicación de la frase *muerto al pecado* (Ro. 6:.2), utilizando como marco de referencia, la experiencia del bautismo con la que sus lectores están familiarizados. La palabra clave es *bautismo*. Existen distintas interpretaciones sobre su uso dentro de este pasaje. Pero más allá de esta diversidad de interpretaciones, lo que está bastante claro es que cuando Pablo menciona el bautismo, mayormente se refire al bautismo por inmersión en agua (cf. 1 Co.1:13-17; 12:13; 15:29; Gá. 3:26-28; Ef.4:5). Más aún, dentro del contexto histórico en la que fue escrita esta Epístola, la palabra *bautizar* se había convertido en una expresión técnica para referirse al rito del bautismo en agua. En tal sentido, resulta forzoso y equivocado utlizar este texto para referirse al bautismo, como una simple metáfora del bautismo en el Espíritu Santo.[5] Consecuentemente, una mejor comprensión del texto situado en su respectivo contexto, indica que se le tiene que entender como una referencia al bautismo en agua.[6]

Pablo utiliza el bautismo en agua para enseñar una verdad bastante valiosa sobre la experiencia cristiana. Así, cuando afirma que, *"hemos sido bautizados en Cristo Jesús"* y que *"hemos sido bautizados en su muerte"*, señala que hemos sido bautizados "en relación con Cristo" y en "relación a su muerte.". El bautismo declara nuestra unión con El en conexión con su muerte; es decir, indica que confiamos en la expiación de nuestros pecados. *"Hemos sido sepultados con El por medio del bautismo para muerte"*, declaramos que hemos muerto al pecado y que *"como Cristo resucitó de entre los muertos por la gloria del Padre"*, nosotros también hemos experimentado una resurrección espiritual por el poder de Dios. De modo que ahora nos comprometemos a andar en novedad de vida. El bautismo en agua constituye una representación visual o gráfica de la regeneración espiritual. El mismo es una declaración personal de nuestra fe en Jesucristo, quien murió, fue sepultado y resucitó de entre los muertos. El bautismo representa la confesión pública del creyente, mediante el cual declara que está espiritualmente muerto al pecado, y que ha resucitado para una nueva vida.

En Ro. 6:4, Pablo concluye su argumento, para pasar del acto de morir al hecho de haber muerto. Es probable que el apóstol haga alusión a la sepultura porque, como todos sabemos, la misma implica que la muerte ya es un hecho. El bautismo dramatiza y recrea la muerte al pecado que ya tuvo lugar en la cruz.[7] ¿Cuándo fuimos sepultados con Cristo? Para contestar a esta pregunta debemos regresar a los versículos 2 y 3. Morimos al pecado cuando fuimos bautizados en Su muerte, de forma provisional en el Gólgota y en la experiencia de la conversión, de la que el bautismo da testimonio. El bautismo en la muerte es de tal magnitud que tenemos que ser resucitados con El para que podamos andar en una nueva vida. La cláusula condicional, *"así también nosotros andemos en novedad de vida"*, se refiere a la resurrección de Cristo de entre los muertos. La posibilidad de andar en novedad de vida está vinculada a la resurrección de Cristo. Por lo tanto, de alguna forma esta resurrección tiene que manifestarse en el presente. Aun cuando el creyente todavía no participa por completo de la vida resucitada de Cristo (como sugieren los verbos en tiempo futuro de Ro. 6: 5-8), este se encuentra en el lado positivo de la barrera entre la vida y la muerte. Mas aún, *"andemos en novedad de vida"*, claramente se encuentra en contraposición a la pregunta del versículo 2, *"¿cómo viviremos aún en él?"* Ambas oraciones se refieren a un estilo de vida o manera de vivir. El haber resucitado con Cristo marca la diferencia. Todo parece indicar que, más allá del argumento de que hemos muerto al pecado, está la idea de que hemos sido unidos a Cristo en las distintas etapas de su experiencia mesiánica. El argumento de Pablo puede ser trazado de la siguiente manera. Por un lado, así como Cristo murió (al pecado, v.10), en virtud de nuestra unión con El en su muerte, nosotros también hemos muerto (al pecado, v.2). Y, por otro lado, así como Cristo fue levantado de entre los muertos (v.4), en virtud de nuestra unión con El, nosotros también hemos sido levantados en su resurrección para novedad de vida (v.4). Consecuentemente, debido a la unión de Cristo y los creyentes, así como a la inseparabilidad de la muerte y la resurrección, los creyentes han tomado parte, no sólo de Su experiencia de muerte, sino también de Su resurrección.

De la discusión anterior se desprende que en Ro. 6: 4, Pablo considera la resurrección con Cristo no sólo en términos de solidaridad con El en el momento de su resurrección, sino también como un factor determinante en la nueva situación de los creyentes, quienes se han convertido en el pueblo santo de Dios.[8] Constantemente enfatiza el hecho de que haber muerto con Cristo -a la ley y al pecado- incluye una experiencia que excluye toda posibilidad de continuar bajo el dominio del pecado. En tal sentido, la resurrección con Cristo, tiene como correlato un componente existencial. Esto es lo que Pablo llama "andar en novedad de vida" y es lo que constituye la dimensión actual de la "resurrección" del creyente con Cristo. La palabra "andar" tiene que ser interpretada en términos éticos. Ya que indica que la "nueva persona" en Cristo tiene tanto la responsabilidad moral y ética como la capacidad para vivir una vida de santidad. La resurrección de Cristo, más que un dato dado a los creyentes para que estos se entretengan pensando en la gloria venidera, constituye un llamado de atención para que ellos tomen una acción moral y ética aquí y ahora.

3. La unión con Cristo: Una experiencia auténtica (Ro. 6:5-11)

Como ya se ha subrayado, el bautismo en agua, declara o indica un hecho de la experiencia cristiana. Este hecho es nuestra unión espiritual con Cristo. Cuando nos convertimos, morimos al pecado, y tenemos una nueva vida. Esta nueva vida tiene nuevos principios morales.. El resultado de haber sido justificados por la fe, o de haber sido regenerados por medio del poder del Espíritu de Dios, es la santificación. En Ro. 6:5-11, enfáticamente, Pablo subraya que el creyente es uno con Cristo tanto en su muerte como en su resurrección. La muerte no puede ser separada de la resurrección. Si en realidad hemos muerto al pecado, entonces, la nueva vida que tenemos en Cristo constituye también un hecho de la realidad.. El viejo hombre ha muerto. El pecado ya no tiene ningún efecto o ninguna ninguna influencia.

Las palabras de Pablo afirman que la experiencia de conversión es una experiencia real. Hemos experimentado algo que nos hace odiar el pecado. Toda nuestrs naturaleza moral ha cambiado de manera radical. Si el arrepentimiento ha sido real, cambia nuesto punto de vista respecto a Dios, a Cristo y al pecado, produciendo una completa ruptura con el pecado. La autenticidad de nuestra conversión se expresa en el compromiso con un nuevo Señor. Si la experiencia de nuestra conversión ha sido real, entonces, Cristo mora en nosotros. Todo esto forma parte de la realidad de nuestra unión con Cristo la cual se expresa en el acto de vivir como él vivió. Durante la conversión ocurre un cambio radical. Cristo murió una vez y la muerte no se enseñorea más de él. Su relación con el pecado terminó cuando entregó su vida sobre la cruz del calvario y ahora vive en comunión eterna con el Padre. El creyente ha experimentado los beneficios de la muerte de Cristo, una muerte que le ha redimido del pecado. Más aún, también disfruta de los beneficios de Su resurrección, ya que tiene el poder del Cristo para andar en la santificación. A la luz de este hecho, Pablo afirma: *"Así también vosotros, consideraos muertos para el pecado, pero vivos para Dios en Cristo Jesús."* Lo que queda ahora es vivr según nuestra experiencia cristiana, nuestra regeneración espiritual, nuestra unión con Cristo que ha sido establecida por la fe. Entendiendo que el fruto de esta fe debe ser nuestra santificación. La gracia de Dios es mucho más que la absolución del pecado; es un antídoto dinámico en contra del pecado. La gracia de Dios nunca alienta el pecado; por el contrario, posibilita que odiemos al pecado y que huyamos de él.

Ro. 6:5 permte explicar mejor Ro. 6:2-4. En este versículo, Pablo explica cómo se relaciona en el versículo 4, la resurrección de Cristo con el hecho de andar en una nueva vida. Indudablemente, la clave interpretiva, se encuentra en la conexión inseparable que existe entre la muerte y la resurrección de Cristo. De esa conexión se desprende que, si hemos estado unidos a Cristo en su muerte, también lo estamos en su resurrección. Resulta imposible separar ambos eventos.[9] A diferencia de lo que opinan ciertos eruditos, todo parece indicar que en Ro. 6, Pablo no se refiere a *"morir y resucitar con Cristo"* como un proceso de transformación gradual para ser conformados a Cristo. Por el contrario, enfatiza de una manera clara y precisa, el rompimiento con el pecado que ahora ha quedado en el pasado de la nueva criatura. El creyente ha muerto al pecado. Pero es necesario tener en cuenta que en este texto se subraya la tensión entre el "ya" y el "todavía no" de la unión de los creyentes con Cristo. Así, mientras que en el versículo 4 Pablo alude a la resurrección del creyente como una realidad presente, más adelante en los versículos 5-8 la describe como una realidad futura.

En el versículo 6 y en los siguientes versículos del texto que estamos abordando, Pablo resume y amplía su punto de vista sobre el hecho de haber muerto con Cristo que había tratado en Ro. 6:4a, 5a.[10] Señala que *"nuestro viejo hombre fue crucificado con El."* La mayor dificultad que se presenta cuando se interpreta esta frase radica en la identificación del viejo hombre y el momento de su crucifixión. Durante mucho tiempo los comentaristas y estudiosos del Nuevo Testamento han debatido sobre el significado del "viejo hombre." En ocasiones, esta frase ha sido interpretada como una simple referencia a la persona que no ha nacido de nuevo, es decir, la persona que no se ha convertido. La mayoría de los estudiosos rechaza otra interpretación del viejo hombre que lo define en términos de la vieja naturaleza, porque se acerca demasiado a un dualismo antropológico, algo así como el Dr. Jekyll y el Sr. Hyde. Esta interpretación sicológica busca atribuir el pecado en la vida del creyente al viejo hombre. Cuando se asume esta posición, se tiene la tendencia de considerar al creyente como si éste estuviese compuesto de dos criaturas, la nueva y la vieja. Equiparar los conceptos "viejo hombre/nuevo hombre" con la naturaleza, va más allá de cualquier evidencia aceptable, porque los mismos nunca son usados en términos sicológicos sino históricos.[11] Otros escritores y comentaristas han sugerido que el concepto del "viejo hombre" debe ser tomado como una referencia a la "persona egoísta sin regenerar".Para estos escritores el "viejo hombre" esta relacionado con la depravación existente en la naturaleza humana.[12] Dentro de esa perspectiva, el viejo hombre, se entiende como una descripción de la persona no regenerada en su totalidad. Es decir, la totalidad de su naturaleza caída, contrastada con el nuevo hombre. Estudios recientes sugieren que los términos "viejo" y "nuevo hombre" deben ser tomados como una referencia a la humanidad en su relación con Cristo. En otras palabras, deben ser interpretados en su sentido corporativo.[13] Pablo está hablando en un sentido corporativo, de lo que ocurrió en Cristo, y de aquello que su pueblo ha tomado parte. Como se ha visto, existe mucha confusión con respecto a esta frase. Lamentablemente, hasta este momento, los especialistas en lexicógrafía arrojan poca luz sobre el significado de este concepto.[14]

¿Qué es el "viejo hombre"? El pasaje proporciona algunas soluciones. La primera de ellas es tener en cuenta el contexto en el que está situada la frase. ¿Qué podemos aprender del contexto de este versículo? Como se puntualizó en la introducción a la exégesis de este pasaje, el interés fundamental de Pablo es ético. Lo que explica su descripción de la situación del creyente con frases en el modo indicativo como, "*muerto al pecado*", "*bautizados en Cristo y en su muerte*", "*sepultados con él*" (v.1-8), Frases de las cuales la crucifixión del viejo hombre forma parte esencial. Con estos indicativos, Pablo subraya lo que ocurrió con los creyentes cuando estos pusieron su fe en Cristo, entrando así en una relación con él.[15] Pablo afirma, entonces, que lo que ha ocurrido en la vida del creyente es una realidad indudable. A la luz de esta afirmación, Pablo les motiva a vivir en santidad. Este versículo afirma que debido a la crucifixión del viejo hombre, los creyentes ya no pueden continuar siendo esclavos del pecado. ¿Cuándo ocurrió esto en la experiencia cristiana? Pablo señala al bautismo como el momento en la experiencia cristiana en el que el creyente sella su relación con Cristo. El viejo hombre murió cuando el creyente murió al pecado y resucitó en Cristo para ser una nueva criatura, tanto en su naturaleza como en su experiencia. Lo que sugiere también que el "viejo hombre" debió haber sido crucificado en el momento en que los creyentes fueron librados de la esclavitud del pecado. Existencialmente esto ocurre durante la conversión o el bautismo.

La segunda solución que se tiene para identificar al "viejo hombre" se rerlaciona con el análisis de la antítesis de éste, es decir, el "nuevo hombre". Usualmente, el "nuevo hombre", se identifica con el momento en el que aceptamos a Cristo. Partiendo de esta premisa, se puede sugerir que la frase "el viejo hombre", puede interpretarse como "la persona que éramos antes" y no simplemente el yo crucificado del creyente. Además, un análisis del uso que hace Pablo de la palabra "crucifixión" nos permitirá identificar al "viejo hombre," así como también el momento de su muerte. Al estudiar otros pasajes en los cuales Pablo utiliza el lenguaje de la crucifixión (Gá. 2:20; 5:24; 6:14), se percibe que esta palabra nunca es utilizada como una metáfora de auto-negación, sino que siempre y de una manera consistente se relaciona con la muerte de Cristo, enfatizádose la manera en la que Cristo murió. También es utilizada como sinónimo de morir con Cristo.[16] Consecuentemente, resulta obvio que cuando Pablo utiliza en Ro. 6:6 la frase el *"viejo hombre"* que ha sido crucificado con Cristo, se refiere al pecador muriendo con Cristo[17] al pecado. En otras palabras, se refiere al viejo hombre que junto a Cristo ha muerto (luego de haber sido crucificado con Cristo) de forma provisional en la cruz y en la experiencia de conversión del creyente. El viejo hombre muere cuando la persona se convierte a Cristo.

En la siguiente sección Pablo explica un poco más sobre el propósito de la crucifixión del viejo hombre. Según el apóstol Pablo, el viejo hombre ha sido crucificado, *"para que nuestro cuerpo de pecado sea destruido, a fin de que ya no seamos esclavos del pecado."* Nuestro viejo hombre ha participado en la crucifixión de Cristo para hacer inoperante el "cuerpo del pecado." Esta frase ha recibido tres distintas interpretaciones. La primera consiste en tomar de forma literal la frase *"cuerpo del pecado"* como una referencia al cuerpo físico en su función de instrumento al servicio del pecado.[18] Otra interpretación apunta al lenguaje figurado usado dentro del contexto de este pasaje. Desde este enfoque, el cuerpo de pecado es visto como un organismo inclinado hacia el mal. Por consiguiente, la afirmación de Pablo no tiene implicaciones antropológicas.[19] Sin embargo, esta interpretación, no tiene un apoyo léxicográfico consistente. En la tercera interpretación, el cuerpo se equipara con la totalidad de la persona, vinculándolo con su capacidad de controlarse a si mismo y ser objeto de sus propias acciones. En este caso, el cuerpo físico no solo es echado hacia a un lado, sino que queda totalmente excluido del uso que Pablo le da a la palabra *soma*. Lo más apropiado sería ampliar su significado, ya que en los versículos 2-3 Pablo utiliza la misma palabra para referirse al ser humano. Esta frase no debe ser entendida como una simple referencia al cuerpo físico atado al pecado. Pablo nunca presenta el cuerpo humano como esencialmente o necesariamente pecaminoso, aunque existencialmente si lo es. Antes bien, el cuerpo humano es visto como amoral o neutral. Pablo escoge la palabra *soma*, probablemente, para resaltar el hecho de que el cuerpo humano es el instrumento que ponemos al servicio del pecado en virtud de nuestra relación con Adán.

Cuando Pablo escribe, *"para que nuestro cuerpo de pecado fuera destruido,"* simplemente está afirmando que el poder del pecado ha sido quebrantado, por lo que este cuerpo ya no le pertenece. Esto es así, por que el "viejo hombre" fue condenado y llevado a la muerte con Cristo sobre la cruz, la carne, el modo de subsistencia del pecado, ha perdido su dominio y control sobre quienes están en Cristo. La cláusula final, *"a fin de que ya no seamos esclavos del pecado"*, puede considerada como una expresión de resultado o de propósito. El uso de los imperativos en el versículo 12, permite que nos inclinemos por la segunda opción, ya que esta provee una de las bases para el imperativo . En el versículo 7, Pablo hace referencia a una verdad básica que le sirve para ilustrar su argumento teológico: *"porque el que ha muerto, ha sido libertado del pecado."* La intención del apóstol no es probar el versículo 6, sino ilustrar su punto de vista. En el versículo 8, Pablo afirma que después de la muerte al pecado, viene la novedad de vida. Como se señaló anteriormente, la frase *"también viviremos"*, no se refiere exclusivamente a la redención futura, sino a nuestra participación en la vida de Cristo en el tiempo presente. Así como participamos de su muerte, también participamos de su vida. El versículo 9 confirma este punto de vista. La confianza o certeza de que como creyentes participamos en la vida de Cristo, radica en el hecho de que Cristo vive para siempre. El versículo 10 enfatiza claramente que Cristo vive eternamente. La muerte ya no tiene parte con él. Más aún, del versículo 11 se desprende una verdad esencial: El primer deber de los creyentes es entender quiénes son en Cristo y vivir según esa nueva realidad.[21]

El argumento de este pasaje puede ser resumido de la siguiente manera. En primer lugar, la tesis central de este pasaje es que los creyentes han muerto al pecado. Pablo no se basa solamente en la unión de los creyentes con Cristo, sino en la participación de los creyentes en las distintas fases de la obra redentora de Cristo. ¿Cuándo morimos al pecado? Los creyentes murieron con Cristo cuando este murió al pecado. Sin embargo, esto es solamente el comienzo. Esta unión, la misma que ha sido descrita con distintas frases en el modo indicativo y que he tratado de demostrar a lo largo de esta discusión, forma parte de nuestra experiencia.

¡Libre... pero!- Romanos 6:1-23

B. Los imperativos: Una obligación moral (Ro. 6:.12-14)

> *12. Por tanto, no reine el pecado en vuestro cuerpo mortal para que no obedezcáis sus lujurias; 13. ni presentéis los miembros de vuestro cuerpo al pecado como instrumentos de iniquidad, sino presentaos vosotros mismos a Dios como vivos de entre los muertos, y vuestros miembros a Dios como instrumentos de justicia. 14. Porque el pecado no tendrá dominio sobre vosotros, pues no estáis bajo la ley sino bajo la gracia.* (Ro. 6:12-14).

Lo que Pablo ha afirmado sobre la santificación, como el resultado apropiado de la regeneración, no disminuye de ninguna manera la responsabilidad personal ni la obligación moral hacia la práctica del bien. Como Pablo puntualiza en los versículos 12-14, la conversión hace posible que vivamos en santidad, pero esto no ocurre de manera automática. El creyente no solo tiene que entender cual es su obligación, sino que tiene que escoger también lo que es bueno, seguir la justicia y aspirar a la excelencia moral. Esa es la implicación concreta de la exigencia que hace el apóstol para que los creyentes no permitan que el pecado reine en sus cuerpos, ni satisfagan los deseos de la carne. Más aún, el aoristo imperativo que utiliza en este pasaje, sugiere que Pablo tiene en mente una acción decisiva de parte de los creyentes.[22] Estos tienen que presentar sus miembros una vez y para siempre. Los Wesleyanos le llaman a esta acción una *experiencia de crisis*. Por consiguiente, el cuerpo físico (que se compone de varios miembros) nunca más debe ser presentado como instrumento de iniquidad, para la práctica del pecado. Al contrario, los creyentes tienen que someterse a Dios y dejar que cada parte del cuerpo se convierta en un instrumento de justicia. según el propósito de Dios. Pablo deja esta responsabilidad en manos del creyente. Estos son capaces de someterse totalmente ante Dios, porque ya han "resucitado de entre los muertos." Aquí se percibe la naturaleza dialéctica de la santificación, comprendida como instantánea y progresiva, dos aspectos de la santificación que tienen que mantenerse en un balance apropiado.

Es imnperativo que los creyentes tengan la ayuda de Dios en su batalla contra el pecado y la iniquidad. El creyente tiene que reconocer su responsabilidad moral, ejercitarse en el dominio propio y dedicar todas sus energías a hacer la voluntad de Dios. Un mandato que es seguido por una promesa: *"Porque el pecado no tendrá dominio sobre vosotros, pues no estáis bajo la ley sino bajo la gracia."* ¡Qué maravillosa promesa! ¡Qué tremenda afirmación! Un cristiano- una persona regenerada- ya no se encuentra bajo el dominio del pecado. El poder del pecado quedó destruido por el sacrificio redentor de Cristo en la cruz. Los creyentes ya no somos víctimas indefensas de los deseos pecaminosos que moran dentro de nosotros ni de los deseos pecaminosos que nos atacan desde afuera. Nosotros podemos vencer al pecado, no porque la ley lo prohíbe, sino porque la gracia de Dios que nos ha salvado nos ha capacitado para vencerlo. La gracia de Dios nos otorga poder y agradecimiento espiritual. El pecado nos repugna, tenemos suficiente fuerza moral para resistir al pecado, y una fuerte motivación nos constriñe a agradar en todo tiempo al Dios santo.

C. Libre pero esclavizado: Pablo y la metáfora de la esclavitud en Ro. 6:15-23.

> *15. ¿Entonces qué? ¿Pecaremos porque no estamos bajo la ley, sino bajo la gracia? ¡De ningún modo! 16. ¿No sabéis que cuando os presentáis a alguno como esclavos para obedecerle, sois esclavos de aquel a quien obedecéis, ya sea del pecado para muerte, o de la obediencia para justicia? 17. Pero gracias a Dios, que aunque erais esclavos del pecado, os hicisteis obedientes de corazón a aquella forma de doctrina a la que fuisteis entregados; 18. y habiendo sido libertados del pecado, os habéis hecho siervos de la justicia.19. Hablo en términos humanos, por causa de la debilidad de vuestra carne. Porque de la manera que presentasteis vuestros miembros como esclavos a la impureza y a la iniquidad, para iniquidad, así ahora presentad vuestros miembros como esclavos a la justicia, para santificación. 20. Porque cuando erais esclavos del pecado, erais libres en cuanto a la justicia. 21. ¿Qué fruto teníais entonces en aquellas cosas de las cuales ahora os avergonzáis? Porque el fin de esas cosas es muerte.22. Pero ahora, habiendo sido libertados del pecado y hechos siervos de Dios, tenéis por vuestro fruto la santificación, y como resultado la vida eterna. 23. Porque la paga del pecado es muerte, pero la dádiva de Dios es vida eterna en Cristo Jesús Señor nuestro (Ro. 6:15-23).*

A la luz de la discusión previa, particularmente el análisis de Ro. 6: 6:1-14, se puede concluir que la santificación comienza con la experiencia inicial de la conversión. El creyente tiene un nuevo corazón y, por lo tanto, se espera que viva como una nueva criatura en Cristo. Lo que le impulsa a caminar como una nueva criatura son tanto motivaciones internas como motivaciones espirituales. Precisamente, ese es el pensamiento que Pablo desarrolla en la siguiente parte de su carta. El párrafo comienza con el mismo argumento utilizado en el versículo 1. Pablo comienza los argumentos de ambas secciones (Ro. 6:1-14 y Ro. 6:15-23) con la misma pregunta retórica (Ro. 6:1 y Ro. 6:15): *"¿Pecaremos porque no estamos bajo la ley, sino bajo la gracia?"* (Ro. 6:1 *"para que la gracia abunde"*). Y concluye con la misma respuesta: "*¡De ningún modo!*". La persona que está "bajo la gracia" es aquella que participa de la vida de Cristo. La misma secuencia de imperativos e indicativos de Ro. 6:1-14 se repite en Ro. 6: 15- 23. Los indicativos establecen hechos acerca del nuevo estado del creyente y los imperativos le indican lo que tiene que hacer de acuerdo a su nueva posición en Cristo.

Nuevamente, Pablo hace frente a la objeción levantada por algunos de que la justificación por fe o la salvación por la gracia, alienta el pecado. "*¡De ningún modo!*," afirma Pablo. Eso nunca ocurre. El primer punto del argumento de Pablo lo encontramos en el versículo 16. Allí se establece que uno es esclavo de aquel a quien obedece. Pablo habla en términos de "ponerse a la disposición de otra persona." Quiere dejar en claro que el verdadero amo es aquel a quien uno le debe obediencia y no aquel a quien uno dice servir. El uso enfático de la conjunción adversativa "ya sea... o" indica alternativas mutuamente excluyentes; es decir, se tiene que escoger entre lo uno y lo otro. A menudo los comentaristas citan Lc. 16:13, "*Ningún siervo puede servir a dos señores, porque o aborrecerá a uno y amará al otro, o se apegará a uno y despreciará al otro. No podéis servir a Dios y a las riquezas*", como el texto bíblico que mejor ilustra lo que Pablo quiere decir en esta sección de la carta a los Romanos. Existen solo dos señores, el "pecado" o la "obediencia", aquel a quien obedecemos es el verdadero amo. Tanto en este pasaje, como en los siguientes versículos, el pecado es personificado como un poder que tiene un control efectivo sobre los individuos.

Lo opuesto es también cierto. Ya no estamos bajo la ley, pero esto no es excusa para el pecado. La ley no motiva a la santificación. Pero la gracia sí lo hace. Pablo utiliza dos ilustraciones. La primera de ellas es la esclavitud. Un esclavo sirve a un amo. Nadie puede servir a dos amos. En consecuencia, una persona es esclava de aquel a quien obedece, o de aquello que reconoce como su amo. Los dos amos involucrados en este caso son la justicia y el pecado. El creyente ha hecho una elección. Anteriormente fue esclavo del pecado. Había reconocido al pecado como su amo y vivía según los designios de éste. Pero esto ya ha pasado. Un cambio decisivo ha ocurrido en su vida. El creyente ha renunciado al pecado como su amo y ha escogido la justicia. ¿Puede alguien dudar de que esta sea la esencia del arrepentimiento? El arrepentimiento consiste en renunciar al camino de pecado para tomar el camino de la justicia, con tal constricción y disposición, que ya no hay lugar para volver atrás. Ninguna persona puede escoger a Cristo como su Salvador sin también escoger la justicia como su meta. El creyente se compromete como esclavo de la justicia.

Pablo establece su segundo punto en los versículos 17-18. A pesar de que los creyentes fueron una vez esclavos del pecado (pretérito imperfecto), ahora se han hecho obedientes (aoristo) de la *"doctrina a la que fuisteis entregados"* (v.17), y esclavos (otra vez aoristo) de la justicia (v.18) y de Dios (la palabra para esclavo aparece en participio aoristo, v.22). Aquí se nota una clara transferencia de mando- del poder del pecado al poder de Dios y su justicia. El lenguaje del aoristo constantivo. está presente- *"habiendo sido libertados del pecado"* (v.18 y 22), lo que demuestra que el creyente ya no está atado a su antiguo amo, el pecado. Sin embargo, Pablo no está pensando en una libertad absoluta en la que el creyente puede hacer lo que quiere (esa es la enseñanza principal del capítulo). La vida bajo la gracia es una vida de sometimiento absoluto a Dios, una vida de justicia y de obediencia. Lo que explica por qué el apóstol irrumpe en acción de gracias, *"Gracias a Dios,"* por el gran cambio ocurrido en la vida de los creyentes. Estos han escuchado el plan de salvación y han aprendido una nueva manera de vivir. Ellos han creído, han aceptado y se han comprometido a si mismos, con esta nueva vida. Han "obedecido de corazón" la doctrina de la salvación por la gracia y un principio radicalmente nuevo de moralidad y de vida espiritual. Pablo destaca que el cristiano no ha quedado en libertad de pecar, sino que ha sido libertado del pecado, no solo porque ha sido perdonado, sino también porque se ha hecho esclavo de la justicia.

A diferencia de lo que sostiene Dodd [23], Pablo en el versículo 18 no se ha deslizado hacia un punto de vista "sub.-cristiano", cuando sostiene que el creyente se ha esclavizado "a la justicia" en lugar de "a Dios". Para enfatizar su afirmación de que el creyente no se halla en libertad de pecar, Pablo describe la nueva esclavitud en términos, no del nuevo amo- Dios (como hace en el versículo 22), sino en términos del carácter del nuevo amo. Sugerir que Pablo está utilizando la palabra "justicia" como sinónimo de Dios es totalmente incorrecto. Lo que Pablo está enfatizando es que ser esclavo de Dios es hacerse esclavo de alguien cuyo carácter está marcado por la justicia y en cuyo reino el pecado no tiene ningún poder legítimo. Desde un punto de vista teológico, Pablo afirma que el creyente es esclavo de la justicia porque Cristo Jesús es la justicia de Dios encarnada (1 Co. 1.30), y el creyente se ha unido a El por medio del bautismo de muerte y la novedad de vida. En ese sentido, debido a su unión a Cristo, el creyente se encuentra dentro del dominio de la justicia de Dios (véase 2 Co. 5.21).

Aunque el creyente ha sido esclavizado mediante su unión con Cristo a la justicia de Dios, todavía existe la necesidad -como lo comprobaron los Corintios-, de ser como aquel de quien uno es esclavo. La esclavitud por sí misma no produce sumisión. Ni siquiera por más opresiva o restrictiva que esta sea puede transformar el carácter de una persona. Para Pablo, la transformación del carácter, requiere la cooperación positiva del súbdito. Quienes han sido esclavizados deben presentar ahora sus miembros a su nuevo amo, aceptando de manera voluntaria su nuevo condición, para que su carácter pueda llegar a reflejar el carácter de su dueño. El uso del imperativo en el versículo 19 da cuenta de ese requisito. Como esclavos de Dios- no del pecado- los creyentes tienen que hacer lo que antes no habían hecho: presentar sus miembros como esclavos de Dios y de su justicia, lo cual resultará en su santificación personal y, finalmente, en la vida eterna (v.19b, 22). Nuevamente, como lo hizo anteriormente en el versículo 13, Pablo exhorta a los creyentes a tomar una acción decisiva.

La motivación para la santificación cristiana proviene del interior de la persona. La ley está escrita ahora en la mente y en el corazón (He. 10:16). La alianza con un nuevo amo, cuyo trato se caracteriza por la pureza, la rectitud, la justicia y el amor, se convierte en el incentivo que nos constriñe a un nuevo estilo de vida. Pablo no lo enfatiza en este punto, sin embargo, el trasfondo de su pensamiento lo constituye la centralidad y la supremacía de Jesucristo. Un cristiano no es esclavo de la justicia en términos abstractos. Ya que se trata de un mandato moral ideal, de un estándar divino, pero es mucho más todavía. Esto es así, porque la justicia se relaciona con Cristo, se encuentra en El, es motivada por El, ejemplificada por El, y buscada en respuesta a Su señorío, para agradarle solamente a El.

Después de haber establecido la base para una vida santa, Pablo pasa a discutir su punto principal, con un mandato explícito (v.19). Este mandamiento es similar al versículo 13, pero en lugar de utilizar la frase, *"ni presentéis los miembros de vuestro cuerpo al pecado como instrumentos de iniquidad"*, Pablo substituye la palabra "instrumento" o "herramienta", por la palabra "esclavo." A pesar de que ambas palabras conllevan el sentido de estar en una completa disposición para el dueño o el usuario, "instrumento" tiene la connotación de una adherencia más impersonal y pasiva, mientras que "esclavo" indica algo mucho más personal. El uso del aoristo no solo sugiere una acción definitiva en un momento dado, sino que implica también un "compromiso de corazón" o, en palabras de Dodd, "una vida profunda e irrevocablemente comprometida". El esclavo carecía de valor alguno, no era alguien, sino algo que se compraba o se vendía. El esclavo pertenecía totalmente a su amo. Un elemento que se repite en los versículos 15-23 es el concepto de dominio, no solo en términos de pertenencia, sino de dominación absoluta. Al esclavo se le requería cumplir con la voluntad de su amo hasta donde sus capacidades se lo permitiesen y servir totalmente a los intereses de éste. Las frases "eslavos del pecado" o "esclavos de la justicia" resaltan la división entre las demandas de la naturaleza pecaminosa y las demandas de la justicia.

Otra diferencia sustantiva entre los versículos 19 y 13, se relaciona con el hecho de que mientras el v. 13 tiene dos mandamientos, en el versículo 19 se encuentra un solo mandamiento (el positivo), cuyo aspecto negativo se utiliza como punto de comparación para mostrarles a los creyentes que así como antes presentaron sus miembros a la impureza y a la iniquidad ahora, como siervos de Dios, deben poner los miembros de su cuerpo en completa disposición a la justicia. Así, en lugar de tener un estilo de vida caracterizado por las obras inicuas, tienen que caracterizarse ahora por la santidad. El versículo 19 parece dar la impresión de que Pablo se está disculpando.[24] La primera parte del versículo es una disculpa por haber utilizado tanta terminología humana para describir una relación que no puede ser descrita en esos términos. El creyente no es tan solo siervo de Dios; es hijo de Dios (Ro. 8:14-17), y esto hace que la analogía previamente utilizada sea inadecuada. Aun así, Pablo utilizó una analogía imperfecta para hacer valer su punto de vista: como resultado de haber sido justificados por la fe, ahora los creyentes le pertenecen a un nuevo amo, Dios y la justicia, por lo que están obligados a ponerse a su disposición y no al servicio de su antiguo amo, el pecado. El versículo 19b puntualiza que los creyentes anteriormente se entregaron asi mismos[24] como esclavos de la impureza y de la iniquidad. Es evidente que al utilizar el aoristo del verbo *parístemi*, Pablo se está refiriendo al estilo de vida que esta gente una vez tuvo. El hecho de que el verbo no sea utilizado en un tiempo presente, significa que los creyentes ya no viven de esa manera. El uso de la voz activa es bastante significativo. No dice el texto "ustedes fueron esclavizados a…" sino *"presentasteis…como esclavos."* En otras palabras, Pablo atribuye a los creyentes la responsabilidad de lo que anteriormente hicieron, de lo que se deduce que ellos pueden ser capaces ahora de seguir un nuevo estilo de vida.

¡Libre... pero!- Romanos 6:1-23

En el versículo 19c Pablo repite (con la excepción de que cambia del modo indicativo al imperativo) la cláusula *"...presentad vuestros miembros como esclavos..."* para establecer un contraste con el v. 19b. Los que ahora son nueva criatura, los que han experimentado la muerte del viejo hombre y que están viviendo no bajo la ley, sino bajo la gracia (v.14) deben comenzar a presentarse a si mismos como esclavos de la justicia, así como cuando estaban bajo la ley y se presentaron como esclavos del pecado. Sin embargo, se debe notar que en el versículo 18, Pablo había afirmado lo siguiente: *"os habéis hecho siervos de la justicia"* (aoristo pasivo). Pablo comprendía la debilidad de la naturaleza humana y conocía la necesidad que tienen los cristianos de encontrar verdadera libertad mediante su sumisión voluntaria a los ideales y a la práctica de la justicia. Lo que puede explicar por qué apela a los creyentes, recordándoles el contraste que existe entre la vida antigua y la nueva. La persona que no ha sido regenerada cede ante la impureza. Su visión moral está defectuosa. Sus inclinaciones morales son corruptas. Su resistencia moral es débil. El resultado es impureza e iniquidad. Pero la nueva vida en Cristo se orienta en otra dirección. Es un acto instantáneo, seguido de un proceso de consagración constante, para siempre. En la vida antigua, cuando éramos esclavos del pecado no reconocíamos obligación alguna a la justicia, ni respondíamos a las demandas de pureza, verdad y amor. El resultado fue un tipo de conducta del que ahora nos avergonzamos. Puede que haya incluido orgullo y falta de fe, codicia, mentiras, adulterio, borracheras, violencia y otros actos profanos. El creyente debe sentirse genuinamente avergonzado por todas las obras de la carne. El fin de todas estas cosas es muerte. La vida en pecado ahora se encuentra en estado de muerte y va en camino hacia la muerte y al tormento eterno. Pablo quiere ayudarnos a entender que luego de haber sido liberados del pecado, nos hemos convertidos en siervos de Dios, y que el fruto de la vida cristiana es la santificación, "y al final vida eterna." La paga del pecado siempre es la muerte. Se trata de recibir una compensación justa por lo que uno ha hecho. Pero sobre todo ello, con una marcada diferencia, el don de Dios es *"vida eterna en Cristo Jesús, Señor nuestro."* No es algo que se otorga en forma de pago o que uno lo tiene que ganar haciendo méritos; ya que se trata de un don de la gracia de Dios. Es un regalo invalorable que proviene del cielo. Es una nueva forma de vida tanto en su origen, como en su poder, calidad y destino. Es la forma de vida que puede llevar el fruto de la santificación, del Espíritu Santo: *"amor, gozo, paz, paciencia, benignidad, bondad, fidelidad, mansedumbre, dominio propio"* (Gá. 5:22-23).

Transformados por Gracia

La ley demanda obediencia. Pero la gracia nos da el poder para obedecer. Así que, la gracia hace posible lo que la ley no pudo hacer, ya que rompe con el dominio del pecado. Pablo le da una aplicación ética a Ro. 5:12-21. Puntualiza que cuando estábamos en Adán nos encontrábamos bajo la esclavitud del pecado. Como amo, el pecado exigía un estilo de vida libertino (lujuria, v.12; impiedad, v.13; iniquidad, v.19; cosas vergonzosas, v.21). En Cristo podemos ser esclavos de la justicia, ya que la gracia de Dios demanda una vida virtuosa, exige una santificación (v.19, 22). Como la ley, la justificación tiene también ciertas demandas, pero la gracia de Dios nos capacita para que cumplamos con esas demandas y rompamos así el dominio del pecado, algo que la ley no pudo hacer. Pablo utiliza la metáfora de la esclavitud para explicar este punto.

A lo largo de este capítulo, consistentemente, el apóstol se ha referido a la condición que tenían los creyentes antes de su conversión como "esclavos del pecado." En este capítulo, aunque Pablo no formula explícitamente la noción de pecado, sin embargo, éste ha sido esencialmente personificado. Uno puede vivir en pecado, así como uno puede vivir en Cristo (Ro. 6:2). El pecado puede poseer el cuerpo y reinar sobre el mismo (Ro. 6:6, 12, 13, 16-18, 20, 22). Uno puede vivir para "pecar" (Ro. 6:11). Uno puede recibir la muerte como paga del pecado (Ro. 6:23a). O la vida eterna como un don gratuito de Dios (Ro. 6:23b). Ninguna persona está libre. Nadie actúa como su propio amo. Todos los seres humanos sirven a Dios o al pecado. Sin embargo, Pablo en el versículo 19, sostiene que nuestra esclavitud anterior estaba relacionada con "...*la impureza y la iniquidad...*". Ro. 1:24; Gá. 5:19 y Ef. 4:19, sugieren que la palabra "impureza", no se refiere tanto a aquello de lo cual uno era esclavo, sino que resume la expresión externa de la anterior esclavitud al pecado. Puntualiza así que cuando uno está atado al pecado, su vida se caracteriza por la impureza y la iniquidad. Y eso tiene consecuencias claras, ya que lo que uno ha hecho, afecta el estilo de vida. En ese sentido, si uno ha vivido en iniquidad, debido a ese estilo de vida, uno mismo se convierte en la personificación de la iniquidad.

No se tiene que olvidar que la exhortación ética de Pablo está dirigida a personas que han sido descritas como "*esclava de la justicia*". Más aún, se exhorta a los creyentes que son esclavos de Dios o de la justicia, para que se sometan a Dios, antes que al pecado (cf. Romanos 6 y 12). Pablo considera al creyente como alguien que tiene- dentro de los parámetros de su esclavitud a Dios- la libertad de obedecer o de desobedecer a su Señor. Consecuentemente, se hacía necesario exhortarles. La libertad que tienen los creyentes, no se le atribuye de manera implícita ni explícita, al esclavo del pecado. Para esa persona no existen alternativas. Quien es esclavo del pecado, se ha rendido a si mismo a una vida pecaminosa, siendo la única consecuencia el pecado. Cuando los creyentes se comprometen asi mismos, como esclavos de Dios y de su justicia, sus patrones de conducta comienzan a cambiar. Su vida anterior, como esclavos del pecado (v.21), tuvo consecuencias de las que ahora tienen que avergonzarse. Sin embargo, la consecuencia de su nueva vida de sometimiento consciente a Dios y a su justicia, será una transformación ética gradual de la que ya no tendrán que avergonzarse. Esa transformación es el proceso de santificación o el hecho de ser santo. Esta nueva vida mediante la cual el creyente experimenta la santificación personal, ocurre con la continua aceptación de que uno ha muerto a la esclavitud del pecado (ver 6:11), y de que uno vive como esclavo de Dios (ver 6:11b), unido al compromiso de mantener sus miembros bajo el dominio de Cristo Jesús su Señor y del Espíritu Santo (ver Ro. 8:4, 5b, 10). La santificación, como fruto de la sumisión del creyente a Dios (ver 6:22), es el proceso de ser como Cristo Jesús, por medio de quien la transferencia del dominio del pecado ha ocurrido (6:1-11), en quien la transformación del creyente a una "nueva criatura" se ha realizado (2 Corintios 5:17), y cuya "operación" (junto con la del Espíritu Santo) hace posible la nueva vida del creyente (Gálatas 2:20; Romanos 8:1).

En este punto de nuestra discusión, serán útiles algunas observaciones respecto a los comentarios que se han hecho, particularmente sobre la palabra *hagiasmos*. La definición de Peterson de que la santificación, dentro de este contexto, se refiere a "un estado dedicado" ante que a una renovación ética progresiva, resulta inaceptable.[26] Esa es una definición aceptable para *hagiadzein* dentro de los contextos de 1 Co. 1:2; 6:11 y Romanos 15:16. Sin embargo, dentro del contexto de Ro. 6:19, 22, parece obvio que las personas a las que Pablo les escribe *ya han sido* separadas para el servicio a Dios. Pablo ha decidido utilizar en Ro. 6, la imagen de encontrarse en esclavitud a Dios, antes que la imagen de ser separados para Dios. Ambas imágenes básicamente señalan lo mismo. En consecuencia, la exhortación de Ro. 6:19b, indica que quienes han muerto al dominio del pecado y han comenzado a caminar en una nueva vida como esclavos de Dios, tienen que vivir según el carácter de Dios, que ha sido revelado en Cristo Jesús. Probablemente, Robertson[27] y Denney[28] aciertan, cuando enfatizan la naturaleza interior del proceso de santificación en vista de la acción verbal que *hagiasmos* sugiere. En contraste, 1 Co. 1:30, parece indicar que la santificación es un estado y no un proceso de desarrollo. Esto podría proporcionar la base para interpretar *hagiasmos* como un estado que será alcanzado en el futuro.[29] En tal sentido, podría sugerirse que la frase *eis hagiasmos*, por si sola, no indica si lo que Pablo quiere decir en el versículo 22 es, "ustedes están teniendo fruto hasta alcanzar un estado de santificación" o "...están en el proceso de ser santos." Denney observa que tanto el proceso como el estado van tomados de la mano.[30]

Los versículos 20-22 enfatizan el contraste que existe entre la vida de esclavitud y la vida bajo el dominio de Dios. En el versículo 20 Pablo describe la vida bajo el pecado como libre *"en cuanto a la justicia."* Quienes son esclavos del pecado, son libres -no están atados- con respecto a la justicia, porque no tienen el impulso de practicar lo que es correcto. Sin embargo, esta forma de vida no produce fruto, sino vergüenza y, finalmente, la muerte. El significado de "muerte" en este pasaje es ambiguo. Aunque, probablemente, implique tanto la muerte física como la muerte espiritual. Muerte espiritual que culminará, eventualmente, en la muerte eterna. Por otro lado, el fruto de la esclavitud a Dios es la santidad, como un estado y como un proceso.

En suma, de los pasajes anteriores se desprende que quienes han sido justificados por la fe, ya no son esclavos del pecado que conduce a la muerte. Ellos han sido liberados del poder del pecado y son ahora siervos de Dios y de su justicia. Y se les exige que caminen según la nueva condición que tienen en Cristo, sometiendo de manera obediente todas las áreas de su vida a su nuevo amo, una acción que tendrá como fruto la vida eterna. El texto indica que Pablo está bastante preocupado por el carácter maligno del *antinomianismo*, lo que explica por qué utiliza tanto tiempo y espacio en esta carta para corregir este asunto. Desde su punto de vista, expuesto e ilustrado ampliamente en este pasaje, el *antinomianismo* no puede ser considerado como un estilo de vida aceptable para el creyente. Ya les ha explicado a sus lectores que la muerte de Cristo ha destruido el poder del pecado y que el precio ha sido pagado con el sacrificio de Cristo en la cruz del calvario. Consecuentemente, se espera que los creyentes vivan según la justicia, ya que un esclavo de la justicia es alguien que sirve al Señor y que hace Su voluntad practicando la justicia. El esclavo es aquel que encuentra **libertad en la práctica del servicio debido a su posición y participación en la muerte de Cristo. Los esclavos de la justicia han cambiado la muerte por la vida eterna.**

Capítulo 3

No mediante la ley – Romanos 7:1-25

En la introducción al libro de James Fraser, *Treatise of Sanctification*[31], Sinclair Fergunson da cuenta del problema que existe con respecto a la interpretación de Ro. 7. Este autor, ecribiendo sobre Alexander Whyte de Edimburgo, acota:

> Whyte tenía un acuerdo con su vendedor de libros de que tan pronto saliera un nuevo comentario sobre la carta, se lo enviase con opción de compra. Whyte tenía por costumbre abrir el comentario y leer las anotaciones del autor sobre Ro. 7:14-25. Si el autor no interpretaba el mismo como una ilustración de la experiencia cristiana de Pablo, Whyte simplemente lo devolvía con la siguiente nota: "Este comentario no es para mi."[32]

La actitud de Whyte, con respecto a este pasaje, se parece a la de muchos estudiosos y comentaristas.[33] Desde el tiempo de los padres de la iglesia, Romanos 7, particularmente los versículos 14-25, ha sido el campo de batalla de los exegetas. Y todavía lo es. La controversia gira en torno a que, si la lucha contra el pecado que Pablo describe en los versículos 14-25, tiene que ver con los inconversos o con los cristianos. Agustín trató este asunto, atribuyéndolo primero a los inconversos, para luego afirmar que se aplicaba a los creyentes. Este pasaje sigue siendo utilizado todavía para defender la posibilidad de un cristiano puede ser un "creyente pecador." Durante mucho tiempo los intérpretes y los comentaristas se han acercado a Ro. 7 con las preguntas equivocadas. Lo que explica por qué terminan siempre con las respuestas equivocadas. Recientemente, un predicador radial bastante popular, comentando sobre Ro. 7 afirmó lo siguiente: "Quizás el apóstol Pablo es el ejemplo clásico del cristiano pecador." ¿Será esa opinión un fiel reflejo de lo que Pablo sostiene en Ro. 7? La respuesta parecer ser no. ¿Cómo, pues, tenemos que interpretar este pasaje bíblico? Tal vez, la mejor manera de abordar Ro. 7, sea dándole un mayor peso -de lo que comúnmente hacemos- al contexto inmediato de este pasaje, particularmente a Ro. 6 y Ro. 8. Probablemente siguiendo esa vía, se pueda interpretar mejor Ro. 7, haciendo justicia a lo que Pablo enseña sobre la santidad en el contexto de su Epístola a los Romanos, así como en sus otras cartas. Y se haga eco también de lo que los otros autores del Nuevo Testamento han escrito sobre este tema.

Transformados por Gracia

Al comienzo del capítulo 5, Pablo describe la nueva situación del creyente, cuando explica como Cristo puso fin al reinado de la muerte y del pecado (Ro. 5:12-21). Esa explicación es seguida por la aseveración de que los creyentes han muerto al pecado. Ellos son ahora libres; ya no están bajo la ley, sino bajo la gracia (Ro. 6:1-14). Y, por eso mismo, tienen que andar según los principios de la nueva vida. La metáfora de la esclavitud se utiliza nuevamente para afirmar la libertad de los creyentes. Quienes han sido justificados por la fe ya no son esclavos del pecado que conduce a la muerte. Ellos han sido librados de su poder y son ahora siervos de Dios y de su justicia (Ro. 6:15-23).

En Ro. 6:14, Pablo introduce el tema de cómo se relaciona la ley con esta libertad y el problema que esa relación plantea ¿Cuál es la relación de los cristianos con la ley y cómo se relaciona la ley con el pecado? En Ro. 7, Pablo argumenta que el creyente ha muerto no solo al pecado, sino que ha muerto también a la ley. Como un asunto previo, es crucial que entendamos cuál es el argumento principal de Pablo en este capítulo. Se podría argumentar que en este capítulo establece la incapacidad de la ley para producir justicia o para santificar. Como en el caso del pecado, únicamente mediante Cristo Jesús, se puede ser libre de la ley. Este capítulo puede ser dividido en dos secciones. La primera sección, Ro. 7:1-6, trata sobre la respuesta de Pablo a la pregunta respecto a la relación del creyente con el pecado y con la ley. Esta sección sienta también las bases para la sección principal (Ro. 7:7-25) en la que Pablo explica la relación que existe entre la ley y el pecado. Esta discusión se relaciona con lo que ya se ha mencionado en Ro. 6:14, respecto a la afirmación de que ya *"no estáis bajo la ley sino bajo la gracia."*[34] Ro. 7:1-6 sigue la misma línea de pensamiento de Romanos 6.[35] Pablo continúa con la discusión que inició en el capítulo 6, sobre la santificación o la libertad que el creyente tiene en Cristo, pero dando una mayor atención a la ley. Los primeros versículos del capítulo 7, aclaran la afirmación hecha en Ro. 6:14, respecto a que los cristianos no están *"bajo la ley."* Solo los no creyentes están bajo la ley. Pero los creyentes ya han muerto a la ley. Esto es así, porque al participar en la muerte de Cristo (Ro.6:2-11), como se indica en la carta: *"habéis muerto a la ley" "a fin de que llevemos fruto para Dios"* (Ro.7:4). La deducción lógica de este pasaje es que, mientras estuvieron "bajo" la ley, les fue imposible "llevar fruto". De hecho, Ro. 6:14, indica que existe una íntima conexión entre el pecado y la ley. Estas implicaciones son analizadas en los versículos 5-6. Lo que la ley despierta son las *"pasiones pecaminosas"* que conducen a la muerte. Sin embargo, la libertad de la ley, tiene como correlato un nuevo y efectivo

No mediante la ley – Romanos 7:1-25

servicio a Dios. Las objeciones levantadas con respecto a la posición de Pablo en Ro. 6:1-15 son contestadas también. Los creyentes ya no tienen que vivir en el pecado porque su condición ha cambiado. Ellos han sido libertados del pecado y tienen que servir a Dios en el Espíritu.

Explicando una nueva relación: Una ilustración del matrimonio (Ro. 7:1-6)

> 1. ¿Acaso ignoráis hermanos (pues hablo a los que conocen la ley), que la ley tiene jurisdicción sobre una persona mientras vive? 2. Pues la mujer casada está ligada por la ley a su marido mientras él vive; pero si su marido muere, queda libre de la ley en cuanto al marido 3. Así que, mientras vive su marido, será llamada adúltera si ella se une a otro hombre; pero si su marido muere, está libre de la ley, de modo que no es adúltera aunque se una a otro hombre 4. Por tanto, hermanos míos, también a vosotros se os hizo morir a la ley por medio del cuerpo de Cristo, para que seáis unidos a otro, a aquel que resucitó de entre los muertos, a fin de que llevemos fruto para Dios. 5. Porque mientras estábamos en la carne, las pasiones pecaminosas despertadas por la ley, actuaban en los miembros de nuestro cuerpo a fin de llevar fruto para muerte 6. Pero ahora hemos quedado libres de la ley, habiendo muerto a lo que nos ataba, de modo que sirvamos en la novedad del Espíritu y no en el arcaísmo de la letra (Ro. 7:1-6).

Como en Ro. 6:3, Pablo comienza esta sección de la carta con la pregunta: "*¿Acaso ignoráis?*" Asume cierto conocimiento de parte de sus lectores.[36] Con esta pregunta, induce que los cristianos de Roma regresen nuevamente a Ro. 6:1-14, una sección de la carta en la que se discute la muerte del creyente al pecado y las implicaciones que este hecho tiene. La muerte al pecado abre la posibilidad de andar en una nueva vida. Pablo se concentra en el versículo 14 y su argumento subraya el principio legal de que "*la muerte nos libra de obligaciones pasadas*" (Ro. 7:1-3).

En Ro. 7:1, Pablo utiliza la misma palabra que utilizó en Ro 6:9, 14: *kyrieuei*.[37] Esta palabra establece la conexión entre la ley, el pecado y la muerte, como algo más que una casualidad. Es suficiente analizar el uso de esta palabra en Ro. 6 y 7 para apreciar dicha conexión. La misma se utiliza en Ro. 6:9, dentro del contexto de la muerte y resurrección de Cristo, donde además se demuestra la incapacidad de la muerte para enseñorearse sobre El. Pero en Ro.6:14, "*Porque el pecado no tendrá dominio sobre vosotros, pues no estáis bajo la ley sino bajo la gracia*", la misma palabra se utiliza en conexión con el pecado, que aparece como "ejerciendo señorío" o "reinando sobre" la persona. El pecado podría ser descrito, entonces, como "señor." Curiosamente, aunque Pablo une el reinado del pecado con la ley, lo que sugiere una relación. Esa relación no se define claramente en este pasaje. La explicación aparece en Ro. 7:7-13. Otro punto que se tiene que considerar es el sentido negativo futuro de la frase de Ro 6:14, *"no tendrá dominio"*, lo que sugiere una condición posterior a la salvación. Pablo está hablando de quienes ya han muerto al pecado. Sin embargo, en Ro. 7:1, utiliza el tiempo presente para establecer que la ley reina sobre una persona viva, lo que parece indicar que se trata de una descripción de la persona antes de su conversión. Uno podría concluir que, más allá de las experiencias a las que ambas declaraciones hacen referencia, la descripción se relaciona con la condición de la persona antes de su conversión. Así, la conexión entre la libertad del pecado y la libertad de la ley, tiene que ser bastante cercana. Más adelante, particularmente en el versículo 5, se discute la extensión de esta relación.

Para reforzar su argumento, Pablo utiliza en el versículo 2 la analogía del matrimonio, no sólo para enfatizar, sino también para darle mayor peso a la motivación espiritual para la santificación. Un hecho comúnmente aceptado, tanto por los judíos como por los gentiles, es que una mujer está vinculada a su marido mientras este vive. Así, cuando el marido muere, la mujer queda libre de esa obligación. Y si ella decidiera casarse con otro hombre, mientras su marido esta todavía vivo, se convierte en una adúltera. Pero si su esposo muere ella queda en la libertad de volverse a casarse nuevamente. De acuerdo a Pablo, debido a la muerte de Cristo, los creyentes han muerto a la ley y ahora tienen una nueva relación con Cristo. A la luz de la evidencia resulta bastante difícil negar que el argumento de Pablo se refiera a la experiencia de conversión, de muerte al pecado y de resurrección a nueva vida, una experiencia que trajo consigo un nuevo propósito espiritual y un nuevo poder moral, para que los creyentes puedan llevar fruto delante de Dios.

En el versículo 4 encontramos una de las más grandes declaraciones de todo el libro de Romanos. De la analogía del matrimonio, Pablo deriva la siguiente conclusión: *"Por tanto, hermanos míos, también a vosotros se os hizo morir a la ley por medio del cuerpo de Cristo, para que seáis unidos a otro, a aquel que resucitó de entre los muertos, a fin de que llevemos fruto para Dios."* Esta conclusión, introducida por la conjunción **"por tanto"**, está basada en el principio expuesto en el versículo 1 e ilustrado en los versículos 2 y 3. Claramente se afirma que mediante la muerte de Cristo el creyente muere a

No mediante la ley – Romanos 7:1-25

la ley. Y que por medio de Cristo los creyentes han sido muertos al pecado y casados con El. Aunque cada uno disfruta de esa experiencia individualmente, sin embargo, la dimensión comunitaria no debe ser pasada por alto. Esto queda implicado por la voz pasiva del verbo "*se os hizo morir a la ley*", lo cual se refiere a la muerte de Cristo en la cruz "por todos." Todos los creyentes llevamos su apellido. Pablo sostiene que el propósito de la unión de los creyentes con Cristo, expresado en la frase "morir a la ley", apunta a que ellos puedan llevar fruto para Dios. Las implicaciones de ese hecho son asombrosas. Debemos someternos a El y no debemos llevar nosotros el control de nuestra vida. A menudo concebimos la santificación en términos de lo que significa para nosotros y de lo que esa experiencia trae consigo. Es como la persona que se casa por dinero o por una herencia. Si bien el creyente debe regocijarse con todo derecho por las abundantes riquezas que tiene en Cristo, está claro que tiene también la responsabilidad de llevar fruto delante de El. ¿A qué fruto se refiere Pablo? Indudablemente se refiere al fruto del Espíritu Santo (Gá. 5:22-23) y a la vida de santidad. El lenguaje de Pablo sugiere que él tiene en mente la dimensión ética de la santidad.

En Ro. 7:5, Pablo define la relación entre la ley y el pecado al presentar la ley como la cuna del pecado, cuyo fin es la muerte. La ley es presentada como el estímulo de las pasiones pecaminosas. El pecado al cual Pablo personifica como tirano, antes de la conversión de una persona, fue la esfera de influencia que controlaba su vida. La ley es una de las tiranías que funciona bajo el pecado. El pecado la ha manipulado para que cumpla con su propósito y no con aquel para el cual la ley fue dada. El pecado es el verdadero culpable que ha gobernado a la ley al traerla a la esfera del pecado y de la carne para que produzca muerte. Así que, estar bajo la ley significa vivir bajo la esfera de influencia en que la ella funciona, como agente del pecado. En otras palabras, estar muerto a la ley, significa haber sido transferido fuera de la esfera de influencia bajo la cual ésta funcionaba negativamente. Si el pecado y la ley están relacionados de esa manera, entonces, la muerte a uno de ellos —ya sea al pecado o a la ley— significa morir al otro. Es imposible separarlos.

En el versículo 6, Pablo continúa con su reflexión sobre la muerte de los creyentes a la ley, cuando contrasta –"pero ahora"– su situación pasada con su situación actual. En otras palabras, contrasta la situación actual del creyente, con su vida antes de convertirse. Lo más probable es que utiliza este contraste, intencionalmente, para explayarse aun más en el significado de la justificación, demostrando así que la doctrina de la justificación no solo presupone la justicia de Dios[38], sino que además puntualiza que uno tiene que ajustar cuentas con Dios. Presupone también que la humanidad sin Cristo, fuera de la fe en él, permanece atada a los poderes de la presente era maligna (pecado y muerte), al "anfitrión" del pecado (la carne)[39], y a su agente (la ley). La exposición del apóstol respecto a la muerte del creyente a la ley, se amplia aún más todavía, con su afirmación de que "*ahora hemos quedado libres de la ley.*" De esta manera, repite el mismo pensamiento del versículo 4. La frase "*habiendo muerto a la ley*", explica el lenguaje del versículo 4, o la manera en la que el creyente ha sido libertado de la ley. Sin embargo, Pablo no se detiene en este asunto, sino que procede a explicar el resultado que ha tenido la muerte del creyente a la ley. Hemos sido muertos al pecado "*de modo que sirvamos bajo el régimen nuevo del Espíritu y no bajo el régimen viejo de la letra.*" Así, la muerte del creyente a la ley, está inevitablemente conectada al servicio de la nueva vida que ahora tiene en Cristo. Resulta difícil explicar la frase "servicio en novedad de vida", aparte de entenderla como parte de una experiencia concreta. La muerte del creyente a la ley no puede ser definida o entendida de una manera imprecisa. Tiene que ser entendida, como hasta este momento se ha tratado de demostrar, como la calidad de vida que tiene que manifestarse en aquellos que han sido liberados.

Para clarificar lo que hasta este momento se ha discutido, se puede formular una pregunta: "¿Cómo entiende Pablo la experiencia de la muerte del creyente a la ley?" Veamos. En primer lugar, cualquier forma de plantear los argumentos de Pablo con respecto a la ley, no puede ser separada de su biografía o experiencia de vida. En ese sentido, se tiene que interpretar la frase "morir a la ley", a la luz de dos fuentes paulinas. Una de ellas es su biografía que puede ser reconstruida leyendo sus cartas. Y la otra fuente son sus afirmaciones sobre la ley en sus Epístolas, particularmente, la Epístola a los Romanos y la Epístola s los Gálatas.[40]

En Gá. 2:19 afirma: "*Porque yo por la ley soy muerto para la ley.*" Este versículo resume en pocas palabras la esencia de la teología paulina. Pablo se refiere a su propia muerte a la ley en una forma parecida a su afirmación en Ro. 7:1-6. Aunque la palabra "*yo*", puede ser interpretada en un sentido personal o en un sentido paradigmático[41], no se tiene que olvidar que la misma está conectada con una experiencia personal concreta.[42] No obstante, debemos tener cuidado de no limitar lo que Pablo afirma sobre su experiencia personal, ya que sus palabras son válidas para la vida de

No mediante la ley – Romanos 7:1-25

cualquier cristiano.[43] En este pasaje las palabras "para la ley" y "para Dios" (Ro. 6:2; 10-11), están en contraste una con otra, para indicar a quien pertenece el creyente y a quien tiene que someterse. Nuevamente, Pablo da cuenta de su comprensión de la ley como un poder hostil al ser humano (en pecado), un poder que lo tiene bajo su jurisdicción y que le obstaculiza el camino hacia la vida. A esa ley Pablo ya ha muerto. Su muerte con Cristo (su crucifixión junto a Cristo), a la que se refiere en la última parte de este versículo, ha tenido como resultado su muerte a la ley y a su control opresor.

La muerte de Cristo satisfizo las demandas de la ley y anuló su señorío sobre él y sobre todos aquellos –varones y mujeres– que solidariamente se han unido a El, y que igual que El, han muerto también al pecado. Los creyentes, de quien Pablo es un representante, han sido crucificados con Cristo y, como consecuencia de ese hecho, han sido liberados del yugo de la ley. Ahora son libres para vivir una forma de existencia que no está bajo el dominio de la ley.[44] Lo que se afirma es que, así como Cristo murió en la cruz, el creyente también ha muerto a los poderes del pecado, al mundo y a la ley. En la resurrección de Cristo hemos sido liberados para Dios, para que vivamos para El, bajo su Señorío. Las demandas de la ley ya han sido satisfechas y, consecuentemente, esta no tiene ninguna autoridad sobre el creyente.

La frase *"a fin de vivir para Dios"* presenta el lado positivo de haber muerto a la ley (Gá. 2:19). En varios aspectos se puede percibir la afinidad de estos versículos con Ro. 6:3. Para Pablo, la libertad cristiana, significa haber sido transferido de un dominio a otro: De la ley a la gracia (Ro. 6:14), del pecado a la justicia (Ro. 6:18), de la muerte a la vida (Ro. 6:21-23), y del yo a Cristo. En eso consiste la verdadera esencia de la unión por la fe entre el creyente y Dios. En ocasiones esa relación ha sido interpretada en términos de servicio a otros o de discipulado. Pero implica mucho más que eso. Esta frase nos remite a Ro. 6:10. La misma tiene que ser entendida dentro de la relación de fe del creyente con Cristo. Así, cuando Pablo trata sobre la resurrección del creyente con Cristo, lo hace desde la perspectiva de una experiencia histórica en la vida del creyente. El se refiere a una relación de fe que une al creyente con Cristo, la misma que comienza en el momento de la conversión o del bautismo. Ser levantados con Cristo forma parte del hecho de haber sido unidos a El de una manera existencial. En tal sentido, se puede concluir que la verdad de la resurrección, refleja ese concepto de la unión de Cristo con el creyente.

Transformados por Gracia

Como ya se ha discutido, la conexión entre la ley y el pecado, nos remite nuevamente a la afirmación *"hemos muerto al pecado"* consignada en Ro. 6:2. Si esa interpretación es la correcta, significa entonces, que el creyente murió a la ley cuando murió al pecado. El argumento de esta sección puede ser resumido de la siguiente manera: (1) La ley tiene jurisdicción sólo sobre los que están vivos o los no cristianos (Ro. 7:1); como resultado de ello, el creyente que ha muerto *"por medio del cuerpo de Cristo"*, ya no está atado a la ley. (2) La esposa queda libre de la ley que la ataba a su marido cuando éste muere. E creyente es como la esposa del difunto. Así como ella es libre de "la ley del marido", también el creyente por medio de la muerte, queda libre de la ley (Ro. 7:2, 3). La ley ya no es nuestro amo porque no tenemos que obedecerla para vivir. La motivación para la santificación no consiste en cierto requisito legal, sino en una alianza espiritual y en un afecto interno (Ro. 7:5, 6). Como se indica en estos versículos (Ro. 7:1-6)), cuando la muerte acaba con el vínculo matrimonial, la esposa queda libre para volver a casarse y comenzar una nueva vida. Esto es lo que se desprende de la frase, *"se une a otro"*, que aparece tanto en Ro. 7:3 como en Ro. 7:4. Esta afirmación demuestra que la muerte no solamente termina con la relación que existe entre una persona y la ley, sino que además, presenta la posibilidad de entrar en una nueva relación. En tal sentido, esta analogía, tiene que ser interpretada a la luz de lo dicho por Pablo en Ro. 6. La libertad de la ley no deja a la persona en un estado neutral. No es posible permanecer *"sin casarse."* Así, la sugerencia de que el propósito principal de este pasaje no es describir la nueva situación del creyentes, sino afirmar simplemente que la muerte lo libera de la ley[45], implica un desconocimiento de todo el argumento del apóstol en este pasajel.[46] Es como si con esa conclusión se buscase, deliberadamente, poner a un lado la veracidad del modo indicativo en el que se encuentran estas afirmaciones. La función del modo indicativo es establecer una realidad histórica. Por medio de Cristo el creyente ha entrado en una nueva relación con Dios. La exégesis anterior justifica la conclusión de que el concepto *"muerto a la ley"* solo se puede entender dentro del contexto de la unión en fe del creyente con Cristo. Aunque se puede interpretar la muerte del creyente a la ley como completada por Dios, es decir, como un pasivo divino en el que Dios nos acredita la muerte de Cristo. De todas maneras se hace necesario que entendamos que no se trata de un evento teórico o psicológico. Esto es así, **porque se trata de** una muerte real que solo puede entenderse en términos de nuestra participación en la muerte de Cristo. El factor clave está en nuestra unión con Cristo. Más aún, la unión del creyente –por la fe– con Cristo es una experiencia real, auténtica

No mediante la ley – Romanos 7:1-25

.De allí se deriva que se trata de una experiencia que puede ser definida, o en todo caso, de una experiencia que puede ser descrita. Esa experiencia se refiere a la nueva vida que el creyente tiene en Cristo y que comenzó en el momento de su conversión.

Como conclusión de esta sección, se tiene que precisar que la libertad del pecado y de la ley, no tiene que ser confundida con una libertad para ser tentados por el pecado. Enfáticamente, **Pablo advierte** a quienes han sido libertados del pecado, para que no descuiden la libertad que tienen (Ro. 6:12-13). El creyente ha muerto al pecado, sin embargo, el pecado no ha muerto. Esto forma parte de la paradoja cristiana en la que el creyente ha sido libertado a esclavitud. Cuando el creyente muere, al pecado y la ley, él queda libre. Pero no queda libre *de* Dios, sino que es libre *para* Dios. Los creyentes son esclavos por amor de Dios y son libres para agradarle solamente a El..

Carácter y propósito de la ley (Ro. 7:7-13)

> 7. ¿Qué diremos entonces? ¿Es pecado la ley? ¡De ningún modo! Al contrario, yo no hubiera llegado a conocer el pecado si no hubiera sido por medio de la ley; porque yo no hubiera sabido lo que es la codicia, si la ley no hubiera dicho: NO CODICIARAS. 8. Pero el pecado, aprovechándose del mandamiento, produjo en mí toda clase de codicia; porque aparte de la ley el pecado está muerto. 9. Y en un tiempo yo vivía sin la ley, pero al venir el mandamiento, el pecado revivió, y yo morí; 10. y este mandamiento, que era para vida, a mí me resultó para muerte; 11. porque el pecado, aprovechándose del mandamiento, me engañó, y por medio de él me mató. 12. Así que la ley es santa, y el mandamiento es santo, justo y bueno. 13. ¿Entonces lo que es bueno vino a ser causa de muerte para mí? ¡De ningún modo! Al contrario, fue el pecado, a fin de mostrarse que es pecado al producir mi muerte por medio de lo que es bueno, para que por medio del mandamiento el pecado llegue a ser en extremo pecaminoso (Ro. 7:7-23)..

Hasta el versículo 6, Pablo ha tratado sobre el hecho de morir a la ley, de la misma manera en la que trató sobre el hecho morir al pecado. La ley ha sido descrita como si fuera una enemiga o un agente maligno. Sin embargo, Pablo utiliza en esta ocasión un argumento diferente: La ley de Dios es buena. En los versículos 7-25, delinea su punto de vista, resaltando los efectos de la ley de Dios en la vida de las personas. Lo señalado por el apóstol, previamente, le permite formular la pregunta con la que comienza Ro. 7:7-23. Esta es la pregunta: "La *ley es pecado?*" (Ro. 7:7 Si la ley –o cualquier otro estándar moral– no puede ayudar a los seres humanos, si lo único que la ley hace es promover el pecado, ¿será mala en si misma? La ley, ¿cómo alienta el pecado? Pablo explica este asunto. Y lo hace reaccionando horrorizado frente a la sugerencia de que la ley es pecaminosa. Demuestra que la ley de Dios es buena, siempre y cuando, se entienda que su función consiste en señalar el pecado. La ley es inefectiva como medio de salvación e insuficiente para producir justicia. Ya había señalado, previamente, que *"por medio de la ley es el conocimiento del pecado"* (Ro. 3:20). Y que la ley *"se introdujo para que el pecado abundase"* (Ro. 5:20). La ley despierta las pasiones pecaminosas (Ro. 7:5). El propósito de Pablo consiste en demostrar que la ley cumple su propósito, pero que no puede aliviar el sufrimiento del alma que se halla bajo la convicción del pecado, ni mucho menos, producir la justicia que debe caracterizar la vida de la persona que ha sido salvada. Permítanme ilustrar este asunto con ciertos ejemplos. He tenido el privilegio de vivir en tres continentes- África, Asia y América del Norte- por largos periodos de tiempo. A principios de 1970, si mal no recuerdo, no existían semáforos en Lagos-Nigeria. Para garantizar la seguridad en el tránsito bastaba con algunas pocas señales y un policía en las principales intersecciones. ¿El resultado? Como se señala en el libro de Jueces: *"cada uno hacía lo que bien le parecía"* (Jue. 21:25b). Luego me mudé a una de las ciudades más grandes de Asia, Manila-Las Filipinas, donde había más señales de tránsito y policías. Sin embargo, la gente deliberadamente violaba las leyes de tránsito, sin temor alguno de que los apresaran. Ahora vivo en los Estados Unidos donde todo está escrito en blanco y negro. Las leyes de tránsito y los límites de velocidad están más detallados y se tiene más carros de policías en las calles. No obstante, la historia parece ser la misma. He visto personas que no hacen caso del semáforo y que buscan distintas formas de evadir la ley utilizando, incluso, aparatos tecnológicos que facilitan el acto de transgredir las leyes. ¿Qué se puede aprender de estas experiencias? En primer lugar, se nota que los seres humanos son iguales, no importa en que punto geográfico o en que sociedad se encuentren. En segundo lugar, y de mayor importancia para nuestro propósito, se nota que aunque las leyes son buenas, la obediencia a las mismas requiere de un cambio de corazón. En términos teológicos ese cambio comienza con la regeneración. En tal sentido, más allá del hecho de que tanto la obediencia como la justicia pueden ser legisladas, estas no pueden ser impuestas de arriba hacia abajo.

Los semáforos y las regulaciones del tránsito no son innecesarios. Ya que han sido puestos para nuestro bienestar y protección. Además, los mismos

No mediante la ley – Romanos 7:1-25

nos permiten saber cuáles son los estándares aceptables. Precisamente, ese es el argumento que Pablo desarrolla a partir del versículo 7. En este versículo demuestra que, a pesar de que la ley "en ningún modo" es pecado, sigue estrechamente relacionada con el mismo, dado que aparte de la ley, "Yo" no tendría ninguna experiencia personal ("conocimiento") con el pecado. En otras palabras, la conciencia sobre el pecado solo es posible, cuando existe una ley para ser transgredida. Esto concuerda con lo que Pablo mencionó anteriormente en Ro. 5:13, acerca de que sin la ley, no hay imputación de pecado. No existe culpa o efecto alguno del pecado sobre las personas. Pablo usa el décimo mandamiento para ilustrar su argumento: "porque *tampoco conociera la codicia, si la ley no dijera: No codiciarás.*" (Ro. 7:7b). El mandamiento en contra de la codicia despierta el deseo de codiciar. ¡Cuán cierto es esto! Deseamos tener aquello que se nos prohíbe. Esto no solo demuestra la perversidad natural de la humanidad, sino también, la necesidad que tiene de salvación y de gracia. Queda claro que las instrucciones éticas y la ley son insuficientes.

Pablo se explaya en su argumento y señala que el pecado produjo "*toda codicia*" (Ro. 7:8) o una práctica de los deseos malignos. Cuando la ley dice, "*No...*", es como si avivase el deseo más fuerte de transgredir el mandamiento y practicar el mal. Sin la ley, el pecado está muerto, o en su fase latente. Pero tan pronto es señalado por la ley, cobra vida y entra en acción. Hablando de su experiencia, Pablo hace referencia a su antiguo sentido de falsa seguridad: "*Y sin la ley vivía en un tiempo*" (Ro. 7:9). La ley le hizo notar que muchos de sus pensamientos y acciones estaban equivocados (Ro. 7:.7, 9). Le mostró, además, que estaba espiritualmente muerto en su pecado y separado de Dios. ¿Qué papel juega la ley en todo esto? Quizá se pueda comparar la ley con el instrumento que le indica al albañil, cuando una pared que aparenta estar derecha, realmente no lo está. Como la luz, la ley revela las cosas ocultas en la oscuridad, exponiéndolas en la luz del día. La ley revela el carácter del pecado, así como los rayos del sol cuando dan contra una ventana, revelan las partículas de polvo ocultas en una habitación. El testimonio de Pablo sobre la codicia constituye un ejemplo de esto. Algo ocurrió que hizo reales los mandamientos de Dios y, consecuentemente, el pecado revivió. Sin la ley uno se encuentra en una situación de estupor espiritual. Los cristianos también podemos aprender una lección de esa experiencia. Nosotros también podemos llegar a un punto en el que el pecado ya no se ve tan pecaminoso. Es por esto que tenemos que ser diligentes en nuestro estudio de la Palabra de Dios. Dicho de otra manera, la palabra de Dios nos mantendrá alejados del pecado, o el pecado nos mantendrá alejados de la palabra de Dios. Las personas pueden vivir felices durante mucho tiempo, antes de darse cuenta que ciertas cosas que ellos creían que buenas para sus vidas, estaban en realidad equivocadas. En consecuencia, solo podemos comprender nuestra pecaminosidad cuando conocemos la justicia de Dios, sus estándares y cómo El desea que vivamos.

Pablo sostiene que el mandamiento que es bueno, santo y cuyo propósito es dar vida, se convierte en un arma de la muerte. Según su punto de vista, no ha sido la ley de Dios, sino que el pecado, "tomando ocasión por el mandamiento, me engañó, y por él me mató." (Ro. 7:10b) La ley fue solo el instrumento utilizado por el pecado para engañar y para dar muerte. Esta es una descripción exacta del poder del pecado. Engaña y destruye. Nunca se da por vencido en su empeño por dañar y derrotar la santificación del creyente. Pero la gracia de Dios es suficiente.

Los versículos 12-13 enfatizan la verdad central de este párrafo. Pablo alaba las virtudes de la ley. El mandamiento es santo, justo y bueno. El propósito de la ley es señalar el pecado y despertar la conciencia para que los seres humanos comprendan cuál es su deber moral y su necesidad espiritual. Hace que el pecado luzca como pecado. Demuestra que el pecado es extremadamente pecaminoso. No hay nada de malo en la ley. Lo malo está en el corazón, en la adicción al pecado. Aquí necesitamos estar claros en el propósito principal de lo que Pablo afirma. El no reduce la ley a una mera guía moral. Tampoco sostiene que el cristiano no está obligado a obedecer la ley. El apóstol defiende la ley sobre la base de su verdadera función; pero una y otra vez, declara que la justicia de Dios nunca será el producto de la ley. La discusión hasta este punto puede ser resumida de la siguiente manera. En primer lugar, Pablo sostiene que la ley es santa y que el mandamiento es santo, justo y bueno. Sin embargo, ni la justificación ni la santificación, vienen por la ley. La ley no puede hacer que una persona haga lo bueno. La ley solo puede convencerla del pecado en su vida. De hecho, la ley aviva el pecado y lo hace entrar en acción (v.7). La ley revela la verdadera identidad del pecado. Esa es la razón que la que la ley fue dada. Se puede notar claramente la relación que existe entre el propósito de la ley y la primera sección del capítulo 7 en la que se establece que como creyentes hemos sido libertados de la ley. Si la ley no puede justificar, tan solo condenar, se hace necesario que nos libremos de sus demandas. Esto ha sido posible mediante Cristo. Indudablemente, algunos de los judíos estarían en total desacuerdo con la interpretación de

No mediante la ley – Romanos 7:1-25

Pablo. Estos tratarían de hacer ver que estaba equivocado diciendo: "Considera a un judío promedio bajo la ley. ¿Puedes afirmar que la ley busca convencerlo de su pecado? No. Antes bien, el judío promedio cree que está siendo justificado por la ley, no condenado por ella. Pablo, estás equivocado; el propósito de la ley es otro." Consecuentemente, la última parte del capítulo (v.14-25), sirve para ilustrar como la ley funciona en los humanos, como ya se ha explicado previamente. La ley le revela a la persona la extensión del pecado que actúa en los seres humanos. La lección que tenemos que aprender aquí es que la ley puede decirnos lo que debemos hacer. Sin embargo, no puede impartir ni proporciona, el poder que se requiere para cumplir con sus exigencias. No va más allá de mostrarnos la necesidad de vivir de acuerdo a cierto estándar. Puede iluminar la conciencia, sin embargo, no es capaz de producir una vida de santidad.

Operacion de la Ley (Ro. 7:14-25)

> 14. Porque sabemos que la ley es espiritual, pero yo soy carnal, vendido a la esclavitud del pecado. 15. Porque lo que hago, no lo entiendo; porque no practico lo que quiero hacer, sino que lo que aborrezco, eso hago. 16. Y si lo que no quiero hacer, eso hago, estoy de acuerdo con la ley, reconociendo que es buena. 17. Así que ya no soy yo el que lo hace, sino el pecado que habita en mí. 18. Porque yo sé que en mí, es decir, en mi carne, no habita nada bueno; porque el querer está presente en mí, pero el hacer el bien, no. 19. Pues no hago el bien que deseo, sino que el mal que no quiero, eso practico. 20. Y si lo que no quiero hacer, eso hago, ya no soy yo el que lo hace, sino el pecado que habita en mí. 21. Así que, queriendo yo hacer el bien, hallo la ley de que el mal está presente en mí. 22. Porque en el hombre interior me deleito con la ley de Dios, 23. pero veo otra ley en los miembros de mi cuerpo que hace guerra contra la ley de mi mente, y me hace prisionero de la ley del pecado que está en mis miembros. 24. ¡Miserable de mí! ¿Quién me libertará de este cuerpo de muerte? 25. Gracias a Dios, por Jesucristo Señor nuestro. Así que yo mismo, por un lado, con la mente sirvo a la ley de Dios, pero por el otro, con la carne, a la ley del pecado (Ro. 7:14-25).

Como se ha mencionado al comienzo de este capítulo, probablemente, esta ha sido la sección de la Epístola de Romanos sobre la que más se ha debatido. Incluso, se podría sostener que la misma ha sido mal entendida, mal interpretada y mal aplicada. ¿Cuáles son las razones de este problema? En primer lugar, el cambio del tiempo verbal pasado (aoristo) al presente, ha permitido que algunos concluyan que Pablo estaba hablando de su condición en el momento de escribir- una referencia a su experiencia después de su conversión-, un punto de vista asumido por los Reformadores, aunque se entiende de diversas maneras. Pero existen también eruditos que han explorado otras posibilidades gramaticales que no requieren el uso del tiempo presente para describir la experiencia de Pablo mientras escribía la carta. Según esta postura, el uso del verbo en presente, sirve para presentar de forma dramática y con mayor viveza lo que Pablo experimentó en su pasado. Consecuentemente, debe entenderse que Pablo está refiriéndose a aquellos que se encuentran bajo la ley y sin Cristo. Demostrando un gran aprecio por las estrategias retóricas de Pablo, Stowers sostiene que este argumento encaja en lo que se conoce como *prosopopeya de personificación*, una forma retórica Greco-Latina utilizada para describir la experiencia de otra persona.[47] Stowers sostiene que el discurso de Pablo en Ro. 7:7-25, sobre el conflicto entre la ley de la mente y la ley de la carne, no refleja en ninguna sus luchas internas, sino que mas bien se refieren al carácter de un gentil que ha ido del paganismo al judaísmo. Y de allí al cristianismo

El segundo problema con este pasaje, tiene relación con el cambio de primera persona plural en Ro. 7: 7-13 a la forma singular en Ro. 7:14-25, lo que para muchos refuerza el argumento de que el pasaje es autobiográfico. El tercer problema radica en el hecho de que muchos creyentes pueden identificarse con la experiencia descrita en este pasaje. Para estas personas el pasaje contiene la mejor ilustración de la tensión constante que existe en la vida cristiana. Los creyentes, como se argumenta, sufren de una bifurcación espiritual. ¿Qué es exactamente lo que Pablo sostiene en este pasaje?

En el versículo 14, Pablo continúa con su argumento sobre el carácter santo de la ley y la ineficacia de la misma. Que la presente sección continúe conectada con el pasaje anterior, está fuera de toda discusión. Una lectura superficial del pasaje, podría sugerir que el foco de atención no está puesto en la ley en sí misma, sino en la condición existencial de la humanidad. Sin embargo, una lectura mucho más cuidadosa sugiere que ambas secciones (Ro. 7:.7-13; Ro. 7:14-25), presentan en realidad perspectivas diferentes sobre un mismo problema. Es decir, la incapacidad de la ley para santificar. Pablo prosigue con su reflexión, sosteniendo que la ley solo puede estimular el pecado y condenar a los humanos, porque no tiene poder alguno frente a este. Este pasaje clarifica lo que hasta ahora se ha dicho.

No mediante la ley – Romanos 7:1-25

Pablo sostiene: *"Porque sabemos que la ley es espiritual, mas yo soy carnal, vendido al pecado pecado."* (Ro. 7:14) Nuevamente el apóstol señala que en la ley no hay falta, pues, e trata de la ley de Dios. La falta está en la ley del pecado que forma parte de la naturaleza humana depravada. Pablo declara: *"…soy carnal, vendido al pecado pecado."* (Ro. 7:14) La palabra traducida como "carnal" significa hecho de carne, totalmente entregado a la carne, arraigado en la carne. Dentro de este contexto, estar en la carne debe entenderse en términos de humanidad. Pablo declara que él es una criatura de carne, como lo somos todos los seres humanos. Esto no significa que la carne sea en si misma maligna, pero si que la misma se halla "vendida al pecado", cautiva del pecado. E pecado ha ganado acceso a ella, reside en ella y, desde esa base de operaciones, ha sometido toda nuestra personalidad al pecado. En su presunción de vivir de forma justa delante de la ley, basado en sus capacidades, la carne queda sometida al poder del pecado y, por consiguiente, al enorme poder de la muerte. En consecuencia, resulta totalmente inapropiado entender la carne como un tipo de naturaleza pecaminosa que fuerza al creyente a estar *simul justus et peccator* (simultáneamente justificado y en pecado), esperando la muerte para poder vencer. El problema más grande, como ya se ha señalado, se encuentra al final de este versículo. ¿A quién se refiere Pablo cuando sostiene, "Yo" estoy vendido al pecado, al mismo que se describe en el resto de la sección?

En primer lugar, debemos examinar el lenguaje de "vendido" utilizado en el versículo 14. La palabra utilizada aquí se refiere a la venta de esclavos (cf. Mt. 18:25). La ilustración sobre la esclavitud remite a Ro. 6:15-23, un texto en el que el creyente fue presentado como uno que ha sido liberado de la esclavitud del pecado, pero que continúa como esclavo de la justicia. ¿Será posible que Pablo haya sido liberado en el capítulo 6 y tomado otra vez como esclavo del pecado en el capítulo 7? La respuesta tiene que ser un rotundo "No." Más aún, notemos que Pablo utiliza el verbo en tiempo perfecto *pepramenos*, que literalmente significa "habiendo sido vendido." En este sentido, debemos recordar que el tiempo perfecto indica una acción ocurrida en el pasado, pero cuyos efectos continúan en el presente. Y esa no es la descripción de una persona que ha sido realmente liberada.

En segundo lugar, desde el versículo 15, Pablo presenta un cuadro de desesperanza e impotencia para el "yo" del versículo anterior. El mismo hecho de que la persona descrita en el pasaje continúa dentro de una tensión real, entre lo que sabe que es correcto y lo que realmente hace, demuestra lo que Pablo dice acerca de que la ley (es decir, la ley de Dios) es buena. El estado de miseria descrito en este versículo y los versículos siguientes no es compatible con la gracia de Dios. Lo mejor sería tomar esta descripción gráfica de Pablo como de la humanidad sin Cristo en términos generales, y como una retrospección de su vida bajo la ley, antes de venir a Cristo. Una vida que es vista a través de los lentes de su nueva vida y de la relación que tiene con Cristo. Una vez más, tenemos que recordar que el hilo central de Ro. 6:1 a Ro. 7:6, afirma que en Cristo es posible ser libres del poder tiránico del pecado y de la ley. A la luz de la discusión precedente, parece apropiado formular en este momento, ciertas preguntas. ¿Cómo es posible que el apóstol Pablo cuando describe su experiencia cristiana, como una experiencia de tensión, sostenga que ha sido vendido al pecado? ¿En dónde queda la libertad del pecado sobre la cual ha insistido en el capítulo anterior? ¿Acaso no es la expresión, *"pero veo otra ley en miss miembros... y me lleva cautivo a la ley del pecado que está en mis miembros"*, totalmente contraria a sus enseñanzas sobre la experiencia cristiana? ¿Podría afirmar él, como creyente, que se encuentra cautivo de la ley del pecado? En este mismo capítulo ya nos ha dicho que, *"Pero ahora estamos libres de la ley, por haber muerto para aquella en que estábamos sujetos"* (Ro. 7:.6). Si sostenemos que Pablo está hablando sobre sus luchas internas, entonces, tenemos que admitir que él se contradice con respecto a sus afirmaciones en ese mismo capítulo. Pero ese no el caso. Ya que en estos versículos, Pablo está ilustrando simplemente las afirmaciones que ha discutido en la primera parte del capítulo, y describiendo sus sentimientos y su condición cuando se encontraba bajo la ley.

En tercer lugar, como ya quedó demostrado en la discusión de Ro. 6, Pablo sostiene de una manera vigorosa que los creyentes ya no se encuentran bajo el yugo del pecado. Además, en Ro. 7:6, afirma que hemos sido liberados de la ley. ¿Cómo podría derribar su argumento en Ro. 7:14-25 sosteniendo que ahora es esclavo del pecado? De ser así, Pablo se contradice a si mismo al afirmar que está, simultáneamente, vendido al pecado y libertado del pecado. No se trata solo de un lenguaje demasiado fuerte, como para describir una experiencia actual, sino que es totalmente inconsistente con las enseñanzas de Pablo en el resto de sus cartas. Audazmente declara que con Cristo ha sido juntamente crucificado y que Cristo ahora vive en él. Al mismo tiempo señala que los que pertenecen a Cristo han crucificado la carne y sus deseos (Gá. 2:20; 5:24). En la sección anterior, Pablo les ha dicho a los creyentes de Roma que es posible obtener la victoria sobre el pecado, cuando escribe, *"Porque el pecado*

No mediante la ley – Romanos 7:1-25

no se enseñoreará de vosotros; pues no estáis bajo la ley, sino bajo la gracia" (Ro. 6:14). Así, tanto su propia vida como su evangelio, demuestran la posibilidad y el poder de la gracia. En Ro. 8 se describe esa forma de de vida.

En cuarto lugar, con respecto a la objeción al uso del "yo" en una persona regenerada, porque *"me deleito en la ley de Dios"* (Ro. 7:.22), uno podría preguntar si el deleitarse en la ley de Dios es necesariamente el resultado de encontrarse en una relación dinámica y en pacto con Dios. Los fariseos ejemplifican este punto. Ellos deseaban tener una relación con Dios que estuviese basada en sus propios términos; es decir, sobre las obras de la ley. El fariseísmo tomaba en serio el sometimiento a la Torá, extendiendo sus normas a la vida diaria de los judíos, lo que explica por qué había estrictas regulaciones para guardar la pureza o la santidad. Los fariseos querían vivir en el mundo, pero sin ser contaminados por éste. Ellos tomaban en serio la necesidad de que Israel, como nación, buscase vivir en santidad y entendían cuán importante era hacer que la ley fuese relevante en su tiempo. Pero no tuvieron éxito. El fracaso no se debió a que no lo intentaron. La ley era totalmente incapaz de poner en efecto la santidad requerida por Dios. No debe sorprendernos, entonces, que mientras se hallaba bajo la ley, Pablo anhelase profundamente la santidad, ser libre de la ley, porque esta gente aún bajo la ley sentía un deseo enorme de vivir en santidad. Esta debe haber sido la experiencia de Pablo antes de su conversión. La misma que ahora puede analizar desde el punto de vista de la fe. Es la experiencia de alguien que mira hacia atrás y dice: "Así vivía yo. Esa era mi vida bajo la ley." ¿Acaso no es cierto también que en este tiempo, muchas personas se deleitan en la palabra de Dios, y la estudian con mayor celo que quienes afirman ser el pueblo de Dios?

David, como se testifica en el Antiguo Testamento, se deleitaba en la ley. Los Salmos están llenos de expresiones y mandamientos de David relacionados con su deleite en la ley de Dios. Sin embargo, David entendía que su relación con Dios, no estaba mediada por la ley. Como vimos anteriormente, en Ro. 4, Pablo alude a la experiencia de David. En tal sentido, sugerir que una persona sin regenerar, no puede deleitarse en la ley de Dios, puede ser una falsa conclusión. Esto es así, porque el deleitarse en la ley de Dios, no tiene que ser equiparado al hecho de entrar en una relación de pacto con El

Transformados por Gracia

En el versículo 25, en lugar de proporcionar una respuesta específica a la pregunta del versículo anterior, habiendo dado una larga descripción de la humanidad sin Cristo representada por si mismo, Pablo responde a este gran problema al exclamar: *"Gracias doy a Dios, por Jesucristo Señor nuestro."* (Ro. 7:25) La vida cristiana tiene que ser una vida de continua victoria sobre el pecado; sin embargo, nadie debe asumir que no tendrá que pelear contra el tentador antes de obtener la victoria.

Lo que Pablo hace en el capítulo 7 es derribar cada uno de los privilegios que los judíos aducen poseer: La ley de la Torá de Romanos 7:1, gradualmente, viene a ser sustituida por la "ley del Espíritu" (Ro. 8:2). Tanto judíos como gentiles son presentados como aquellos que no tienen *"ninguna condenación... en Cristo Jesús"* (Ro. 8:1). Ro. 7:14-25 es una descripción atípica de la vida de fe, y por lo tanto, nunca debe ser vista como la pieza central de la doctrina de Pablo sobre la vida cristiana. Pero una cosa es clara: El significado de este pasaje no puede ser decidido meramente por la gramática. Ya que este pasaje debe ser interpretado como la descripción de una persona sin regenerar vista desde la vida de fe. Esro es así, porque existe una continuidad de temas, antes que una división entre Ro. 7:7-13 y Ro. 7:14-25. En otras palabras, Ro. 7:7-25 tiene que ser leído como un todo. La experiencia descrita en Ro. 7:7-13 es exactamente la misma de Ro. 7:14-25. Es una narración de fracasos a pesar de las mejores intenciones del individuo. El único cambio, además del tiempo verbal, quizá se encuentre en ir de un ejemplo personal específico, a la condición en general de quienes buscan obedecer el código escrito. Esta es la razón por la que resulta desafortunado que muchas personas, a lo largo de los siglos, hayan intentado crear doctrinas a partir de sus experiencias. Durante muchos años, el lamento del 'hombre miserable' de Ro. 7:14-25, ha consolado a muchas personas que han cedido a las tentaciones del pecado. Sin embargo, la vida de continua derrota descrita en este pasaje, resulta ser totalmente contraria a la nueva vida del creyente descrita en Ro. 6 y 8. Particularmente, Ro. 6:1-7:6, demuestra que los creyentes han sido liberados del pecado y de la ley, mediante su participación en la muerte y resurrección de Jesucristo. Dentro de ese contexto y de su énfasis en la ley, Ro. 7:14-25, puntualiza la angustia producida por la búsqueda de la santificación sin fe y la frustración de intentar ser libre de la ley.

En conclusión, la perspectiva de que el creyente es impotente para evitar hacer lo que no quiere, no es solo contraproducente, sino que es contraria

No mediante la ley – Romanos 7:1-25

a Cristo y al llamado que los escritores del Nuevo Testamento hacen con respecto al arrepentimiento, al discipulado y al vivir en santidad. De hecho, ningún creyente debería jamás exclamar "¡*Miserable de mí!*" (Ro. 8:24). Romanos 7 no debe ser tomado como una descripción de la vida cristiana. Si este fuese el tipo de vida que debemos seguir, entonces, el pasaje no proviene de Pablo. Los versículos 14-25 expresan mucho más que una simple frustración moral. Lo que tenemos aquí es una falla moral. La cual no se parece ni acerca para nada a la vida transformada por la gracia de Dios y dirigida por el Espíritu que encontramos en Ro. 6 y Ro. 8.

Teniendo en cuenta las estrategias retóricas utilizadas por Pablo en sus escritos, parece que el uso del "yo" en tiempo presente, busca afianzar de una manera dramática el puente de solidaridad que les tiende a los judíos. Pablo está enfatizando su lucha contra el pecado así como el hecho de haber estado bajo la ley antes de obtener su victoria 'en Cristo' Desafortunadamente, muchas personas no desean escuchar que ellos pueden vivir sin pecar. Sin embargo, este hecho no justifica que se utilice este pasaje, para legitimar un estilo de vida contrario a la nueva vida que los creyentes tienen en Cristo *'Gracias doy a Dios, por Jesucristo Señor nuestro'* (Ro. 7:25). Los creyentes no han sido llamados a andar en el pecado, antes bien, son retados y animados a vivir dentro de una experiencia cristiana llena de esperanza, porque ya no están condenados a una vida de lucha contra el pecado.

Capítulo 4

Sino por mi Espíritu – Romanos 8:1-39

Ocurrió en cierta ocasión en 1979. Luego de algunos intentos fallidos por tratar de ayudar a un joven que, a pesar de ser miembro activo de una iglesia pentecostal tenía un problema de alcoholismo, decidí comunicar el caso a su pastor para que le diera consejería y ayuda oportuna. Entonces vino la pregunta más extraña que jamás hubiese podido imaginar. El pastor le preguntó al joven: "¿Has sido bautizado o lleno con el Espíritu Santo?" El joven respondió con un enfático "No." El pastor me mencionó que ese era el problema. Quedé sumamente decepcionado y no dejaba de preguntarme que relación podía existir entre lo que el pastor quiso decir con eso de que estar bautizado o lleno del Espíritu Santo, con la necesidad de alguien que -desde un punto de vista evangélico- tenía que arrepentirse. Esta pequeña historia sirve para ilustrar el valor de tener una buena comprensión y una clara articulación de lo que significa estar lleno del Espíritu y cómo ese hecho se relaciona con la santificación.

Indudablemente estamos viviendo en la era del Espíritu Santo. Muchos seguramente opinan que estamos siendo testigos, actualmente, del cumplimiento de la profecía de Joel en niveles mucho más extraordinarios de lo ocurrido durante el derramamiento inicial del Espíritu Santo en el día de Pentecostés. Abundan en este tiempo las evidencias y pruebas de la actividad del Espíritu Santo. Sin embargo, parece que un aspecto crucial está siendo ignorado y mal entendido y, consecuentemente, tratado de una manera deficiente. ¿Cuál es el papel del Espíritu Santo en el proceso de la santificación y en la preservación de la misma? ¿Existe alguna relación entre el bautismo del Espíritu Santo y la santificación? Y si existe, ¿Cuál es la naturaleza de esa relación? ¿Serán acaso una misma experiencia? O como sugieren algunos, ¿Serán dos experiencias mutuamente excluyentes?

Así, por ejemplo, el asunto que ha mantenido separados a muchos wesleyanos de los pentecostales es el problema de la relación entre la experiencia de santificación y el bautismo con el Espíritu Santo. Generalmente, los wesleyanos equiparan la santificación con el bautismo en el Espíritu Santo, tomando a este último como la evidencia del primero.[48] Y muchos pentecostales tienen la tendencia de rechazar la santificación, como una experiencia necesaria, distinta y prioritaria al bautismo del Espíritu Santo. Ellos enfatizan mucho más la experiencia de

Sino por mi Espíritu – Romanos 8:1-39

hablar en lenguas así como el hecho de recibir poder para el servicio. Entonces, ¿Qué significa la llenura del Espíritu? A continuación, intentaremos responder a pregunta clave examinando Romanos 8, un pasaje crucial en el que Pablo menciona constantemente el papel del Espíritu Santo en conexión con la santificación.

Para apreciar y comprender la verdad sobre la santificación, así como el papel del Espíritu Santo en llevarla a cabo, se tiene que situar la interpretación de este capítulo en su contexto específico. Como se señaló anteriormente, Ro. 8 forma parte de una amplia sección, la misma que comenzó en Ro. 6. En los capítulos anteriores de esta Epístola, Pablo ha estado discutiendo sobre la pecaminosidad de la humanidad, la necesidad de salvación y la provisión de Dios por medio de Cristo. A partir del capítulo 6, comienza a explicar sobre la responsabilidad que tiene el creyente de vivir una nueva vida.[49] Los cristianos tienen que someterse así mismos como esclavos de Dios y su justicia. En el capítulo 7 notamos que esa nueva vida no se alcanza mediante el esfuerzo humano o, para ser más exactos, confiando en la ley. Si se examina el capítulo 7, inmediatamente se nota que casi no hay referencias a la actividad salvífica ni santificadora de Cristo o del Espíritu. Los versículos 7-25 y, particularmente la controvertida sección de Ro. 7: 14-25, son un ejemplo de ello. La mención de Cristo y del Espíritu palidece en comparación con lo que encontramos en los capítulos 6 y 8 de la Epístola. Consecuentemente, cuando finaliza este importante pasaje en el que se describe la lucha de la persona que trata de cumplir con las demandas de Cristo mediante la obediencia a la ley y no por la fe, ya en el capítulo 8, se puede apreciar el significado de la obra del Espíritu Santo.

El capítulo 8 debe ser sopesado en su valor exacto. Este capítulo resume de muchas maneras, todo el argumento presentado en los tres capítulos anteriores sobre la santificación[50], y precisa aún más todavía los puntos más importantes de esa sección.[51] Lo que se logra cuando se demuestra la conexión que existe entre la novedad de vida que caracteriza a quienes han muerto al pecado en el Espíritu y, al mismo tiempo, su conexión con el cumplimiento de la ley con el Espíritu. Como Pablo lo discute en este capítulo, la obra salvífica de Cristo no anula el llamado de Dios a vivir en santidad; por el contrario, mediante el Espíritu, Dios cumple en la comunidad de fe *"los requerimientos de la ley"* (Ro. 8:1-5). En este capítulo, el énfasis indiscutible, está relacionado con la vida que es vivida mediante el poder del Espíritu Santo.[52] Al respecto, resulta significativo señalar que en los capítulos anteriores sólo existen cuatro referencias al Espíritu Santo (Ro. 1:4; 2:29; 5:5; 7:6), un hecho que contrasta con las veintiún referencias que se encuentran en el capítulo 8 de la Epístola (Ro. 8:2, 4, 5 (2), 6, 9 (3), 10, 11 (2), 13, 14, 15 (2), 16 (2), 23, 26 (2), 27), las mismas que son más abundantes que en cualquier otro capítulo de la Biblia.

Además, contrastando con el capítulo 7, Pablo demuestra que la solución al problema humano del pecado, no se encuentra bajo la ley. En otras palabras, no se encuentra mediante las regulaciones legalistas, sino en una vida sometida a la disciplina, guía y dirección del Espíritu Santo.[53] La vida en el Espíritu se caracteriza por el cumplimiento a voluntad de Dios que tiene actualmente, incluso, la promesa de la resurrección y la vida eterna. Una vida que es vivida en esperanza y que experimenta la victoria de Dios, incluso, dentro de las circunstancias adversas. Ro. 8 describe, entonces, el ministerio del Espíritu Santo en relación con el creyente. Una mirada a estos versículos, da cuenta de que en este pasaje, se expresa la preocupación de Pablo sobre la relación entre el Espíritu Santo y su ética. Para Pablo, la vida cristiana, no debe ser vivida mediante el esfuerzo y la capacidad humana. En tal sentido, Pablo trata de demostrar que tenemos una provisión más adecuada en la persona, presencia y poder del Espíritu Santo. Como señala Gordon Fee:

> Esta sección (Ro. 8:1-39) culmina la dimensión soteriológica del argumento iniciado en Ro. 1:18. Uno difícilmente puede ignorar el papel crucial que juega el Espíritu Santo. A pesar de que no es expresado de esa manera, el Espíritu es la pieza clave de todo lo que hasta ahora se ha discutido... nada menos que el Espíritu es la llave de toda la experiencia: Dios en su amor está creando, fuera de la ley, un pueblo en su nombre,... Todo esto es actualizado en la iglesia (así como en el creyente) por el Espíritu que Dios ha dado.[54]

Ro. 8:1-4

> 1. Por consiguiente, no hay ahora condenación para los que están en Cristo Jesús, los que no andan conforme a la carne sino conforme al Espíritu 2. Porque la ley del Espíritu de vida en Cristo Jesús te ha libertado de la ley del pecado y de la muerte 3. Pues lo que la ley no pudo hacer, ya que era débil por causa de la carne, Dios lo hizo: enviando a su propio Hijo en semejanza de carne de pecado y como ofrenda por el pecado, condenó al pecado en la carne, 4. para que el requisito de la ley se cumpliera en nosotros, que no andamos conforme a la carne, sino conforme al Espíritu

Sino por mi Espíritu – Romanos 8:1-39

La mayoría de los eruditos y comentaristas concordarían con la afirmación de que estos versículos dan inicio a la descripción de Pablo de aquello que se podría denominar la vida en el Espíritu o la vida santificada. Estos versículos están directamente relacionados con Ro. 7:6.[55] Los versículos 1-4 resumen lo que el cristiano ha llegado a ser como resultado de haber muerto a la ley (Ro. 7:6)[56] Pablo comienza su explicación con la partícula, *"por consiguiente"*, para demostrar que la discusión parte de sus argumentos previos. El capítulo comienza con unas palabras que hacen eco a los temas presentados en Ro. 5:1: aquellos que han sido *"justificados por fe"* son *"aquellos que están en Cristo Jesús."* El beneficio de tener *"paz con Dios,"* (cf. Ro. 5:1) queda expresado en términos de haber sido liberados de toda condenación. La condenación, insiste Pablo, ha quedado completamente fuera del panorama. Argumento que es reforzado por el uso enfático de la palabra *ouden* (ninguna). Al respecto, resulta significativo señalar que en Ro. 8:1 Pablo utiliza el mismo sustantivo griego para condenación (*katakrima*), un sustantivo que utilizó en Ro 5:16, 18. Asimismo, se tiene que puntualizar que quienes han sido libres de la condenación, son aquellos que se encuentran *"en Cristo Jesús."*

En el versículo 1, Pablo remite a sus lectores nuevamente al "presente", así como a su descripción de los beneficios de la justificación. Vale la pena resaltar el uso constante que hace Pablo de la palabra "ahora"en su carta a los Romanos (cf. Ro. 3:21, 24; 5:9; 6:19; 21). En todos estos pasajes se refiere a las bendiciones que los creyentes ya experimentan. Como sostiene Adam Clarke: "el *ahora entonces*, del texto tiene que referirse a la feliz transición de la oscuridad a la luz, de la condenación al perdón, que actualmente el creyente disfruta."[57] La palabra *"ahora"* es temporal y distingue al cristiano de su anterior forma de vida.[58]

En los versículos 2-3 Pablo prosigue su discusión describiendo la realidad presente de los creyentes. El versículo 2 establece una verdad básica con respecto a la libertad del pecado. Los cristianos han sido "libertados" de la ley de pecado y de la muerte. Esta liberación está basada en el acto redentor de Cristo. el ha removido la culpa del creyente por medio de su sacrificio en la cruz. Uno se puede preguntar: "¿Qué profunda es y cuánto abarca esa libertad de la que Pablo está hablando?" Consideremos la siguiente historia: Un hombre que había sido alcohólico fue salvado e, inmediatamente, dejó el alcohol. Un día, mientras caminaba por la calle, pasó frente al bar que acostumbraba asistir. El propietario, cuando le vio pasar, le llamó y le dijo: "¿Qué pasa, Carlos? ¿Por qué no te detienes un rato?" Carlos se detuvo un momento y le respondió: "No soy solo yo el que sigue de largo; sino nosotros, el Señor y yo, quienes pasamos de largo." Como se señala en el texto bíblico: ...*cuando el pecado abundó, sobreabundó la gracia* (Ro. 5:20).

Unicamente las acciones salvíficas de Dios en Cristo Jesús, consumadas mediante el Espíritu, pueden libertar a los seres humanos de su miseria (Ro. 8:2-3). La humanidad no puede vencer al pecado sin la gracia salvadora y santificadora de Dios y el poder del Espíritu. La victoria es posible solamente con Cristo y el Espíritu Santo. A medida que Pablo va estableciendo el contraste que existe entre vivir en el Espíritu y vivir según la carne, audazmente afirma que el punto de ruptura entre ambos formas de existencia, se encuentra en el hecho de ser redimido en Cristo Jesús. Aunque en los primeros dos versículos el apóstol trata nuevamente sobre el sacrificio de Cristo en la cruz, inmediatamente, dirige su atención hacia la nueva imagen y dimensión de la experiencia cristiana que es vivir en el Espíritu. Pablo sostiene que Cristo "*condenó al pecado en la carne para que el requisito de la ley se cumpliera en nosotros, que no andamos conforme a la carne, sino conforme al Espíritu.*"

Todo parece indicar que desde el principio Pablo está tratando con un problema doble en relación con el pecado. El primero es el de la seguridad. Y el segundo se relaciona con el hecho de vivir diariamente en santidad y lleno del Espíritu. Respecto al primero, Pablo afirma de una manera inequívoca que no existe condenación por el pecado para todos aquellos que están en Cristo por la fe, sino la condenación del pecado en la carne. El cristiano no tiene que estar preocupado por la culpa ni temeroso debido a sus pecados. Para todos aquellos que han sido justificados por la fe, la cruz de Jesucristo, ofrece la solución para el pecado y su condenación. La muerte de Cristo fue por los pecados de quienes aceptan, por la fe, su obra en la cruz. Los argumentos que Pablo presentó en Ro. 3:1-4:5 llegan a su punto culminante: El perdón de pecados descrito en esa sección se aplica a todos los pecados de quienes confían en Cristo. ¡No hay condenación! Pero eso no es todo. Ya que, por un lado, la muerte de Cristo en el calvario ha librado a los creyentes de ser condenados por su pecado, por otro, le ha dado un golpe severo al pecado al condenarlo. En Cristo, Dios condenó al pecado, y esto en la carne. La carne, aunque amoral, servía como la plataforma desde la cual el pecado nos mantenía prisioneros y sujetos a condenación. Cuando Dios envió a su hijo Jesucristo, éste vino en semejanza de carne de pecado. Es evidente que en estos versículos Pablo declara como un hecho la libertad de los creyentes y acepta por la fe que ninguna condenación ni esclavitud existe para quienes han muerto y resucitado con Cristo. La victoria del creyente es cierta y segura. Esto es así porque ha sido hecha mediante el Espíritu. Lo que el poder de la carne nunca pudo lograr: Cumplir con el requerimiento de la ley, santidad y justicia. Ahora es posible mediante el poder del Espíritu. Caminando en el Espíritu, los creyentes comparten el resultado de la victoria de Cristo y están capacitados para la práctica de las buenas obras que la ley demanda..

¿Cuál es el mensaje central de Ro. 8:1-4? No cabe duda que la enseñanza de Pablo en este texto es clave para la vida cristiana. Existen poderosas razones para afirmar que Pablo debe de haber tenido en mente la obediencia de los creyentes. En primer lugar, la utilización del pasivo *"se cumpliese"* unido a la frase proposicional *"en nosotros"*, puntualiza que la obediencia descrita en Ro. 8:4 es obra de Dios. En segundo lugar, resulta difícil explicar cómo el participio *"andan"*, un término que alude a la conducta de una persona, puede referirse a un asunto distinto a la experiencia diaria del creyente. Además, parece poco probable que la antítesis tan radical que Pablo establece entre la carne y el espíritu, pueda ser entendida en términos individualistas sin ninguna referencia a la dimensión comunitaria. Este pasaje apunta más allá del hecho de describir solamente comportamientos individuales o de grupo. Es un llamado profético de Pablo a los creyentes de Roma para que tengan tanto un compromiso decisivo como un testimonio visible en la sociedad en la que están situados. En palabras de Kaylor:

> El Espíritu produce una vida transformada en la que la voluntad de Dios viene a ser cumplida en quienes ya no andan conforme a la carne, sino conforme al Espíritu... El Espíritu genera una vida, mediante relaciones transformadas, las mismas que van más allá de una vida piadosa que se expresa en actividades religiosas. La nueva vida creada y otorgada por el Espíritu tiene que expresarse en términos concretos. No es una posesión invalorable que tiene que ser mantenida en una caja de seguridad. Antes bien, la nueva vida conlleva un nuevo conjunto de relaciones en las que, tanto el yo como la comunidad, son libres para vivir en fe y en amor.[59]

Ro. 8: 5-11

> 5. Porque los que viven conforme a la carne, ponen la mente en las cosas de la carne, pero los que viven conforme al Espíritu, en las cosas del Espíritu 6. Porque la mente puesta en la carne es muerte, pero la mente puesta en el Espíritu es vida y paz; 7. ya que la mente puesta en la carne es enemiga de Dios, porque no se sujeta a la ley de Dios, pues ni siquiera puede hacerlo, 8. y los que están en la carne no pueden agradar a Dios 9. Sin embargo, vosotros no estáis en la carne sino en el Espíritu, si en verdad el Espíritu de Dios habita en vosotros. Pero si alguno no tiene el Espíritu de Cristo, el tal no es de El 10. Y si Cristo está en vosotros, aunque el cuerpo esté muerto a causa del pecado, sin embargo, el espíritu está vivo a causa de la justicia 11. Pero si el Espíritu de aquel que resucitó a Jesús de entre los muertos habita en vosotros, el mismo que resucitó a Cristo Jesús de entre los muertos, también dará vida a vuestros cuerpos mortales por medio de su Espíritu que habita en vosotros.

Pablo, luego de haber establecido que los que están en Cristo Jesús son libres de condenación, precisa las implicaciones de esa libertad (Ro. 8:5-11). Utilizando contrastes, pinta la imagen de un creyente que anda o vive según el Espíritu. La conjunción *"porque"* en el versículo 5, une esta sección a la anterior, y explica el significado del versículo 4.

En los versículos 5-8 Pablo utiliza las palabras "Espíritu" y carne para demostrar la diferencia que existe entre aquellos que pertenecen a Cristo y aquellos que no le pertenecen. La carne y el espíritu son dos componentes que producen una suerte de esquizofrenia en los seres humanos durante toda su vida. En otras palabras, Pablo subraya que podemos conocer realmente a una persona, teniendo en cuenta su manera de pensar. Quienes pertenecen a Cristo dirigen sus pensamientos hacia las cosas de Dios y se comportan como nuevas criaturas. Mientras que los que viven *"conforme a la carne"* piensan y se comportan como si Dios no existiera. La frase "conforme a la carne" en los versículos 4 y 5 tiene el mismo significado. En ambos versículos se nota un marcado contraste entre la "carne" y el "espíritu." En esta parte de nuestra dicusión, un tratamiento a fondo del uso que Pablo hace de los términos "carne" y "espíritu", resulta tanto innecesario como imposible. Sin embargo, no se puede negar la necesidad crucial de tener una comprensión adecuada de estos dos términos, para comprender apropiadamente Ro. 8. La clave está en que Pablo utiliza ambos conceptos con relativa flexibilidad. En tal sentido, su significado tiene que ser dictaminado o decidido en la mayoría de los casos, a la luz del contexto en el que se encuentran. La multiplicidad de usos de estos términos, se debe en parte a la gran variedad de significados que se les puede asignar, como se evidencia en los diccionarios. No obstante, se puede llegar a ciertas conclusiones, para su uso en este pasaje. En primer lugar, en Ro. 8:5-8 queda claro que tanto "la carne" como "el espíritu" son poderes mutuamente exclusivos que rodean a las personas y que las toman a su servicio, ya sea de muerte o de vida. Quienes viven según la carne viven de acuerdo a su dictamen. Ya que constantemente piensan en satisfacer a la carne. Quienes viven conforme al Espíritu viven de acuerdo a su voluntad y piensan en las cosas que le agradan al Espíritu.[60] Este es el mensaje del versículo 5: *"Porque los que viven conforme a la carne, ponen la mente en las cosas de la carne, pero los que viven conforme al Espíritu, en las cosas del Espíritu."* Pablo no está estableciendo un contraste entre los dos "elementos" que forman al ser humano, uno esencialmente bueno y el otro problemático y esencialmente malo. Tampoco utiliza la palabra "carne" para referirse a la condición física de estar dentro de un cuerpo de carne y hueso. Lo que Pablo tiene en mente es una condición moral y espiritual en particular, como se desprende del versículo 8, en el que se señala que quienes están en la carne no pueden agradar a Dios. También se tiene que señalar que en este pasaje Pablo está tratando sobre el Espíritu Santo y no sobre el espíritu humano.[61] La observación de Howard apunta en esa dirección: "Tan claro como el lenguaje común puede expresarlo, Pablo sostiene que estas dos formas de vida constituyen *alternativas opuestas*. Son totalmente irreconciliables la una con la otra. Una persona puede ser una de ellas, *pero no puede ser ambas al mismo tiempo"*[62]

Pablo está tratando sobre dos esferas de existencia, dos formas de vida. El apóstol tiene una visión optimista de la gracia que admite el triunfo (no triunfalismo) sobre el pecado. Las consecuencias de andar, ya sea según la carne o según Espíritu, quedan establecidas en el versículo 6. Como Juan Wesley lo describe, la mentalidad de la carne tiene sus "afectos fijados en cosas como la gratificación de la naturaleza corrupta: de las cosas visibles y pasajeras, de este mundo, del placer (de sentidos o imaginación), alabanzas o riquezas."[63] La experiencia de Esaú resulta apropiada. Esaú se preocupaba solamente por si mismo; el tiempo presente; sus necesidades físicas y sus intereses. Tenía una mente carnal. Lo opuesto a la mente carnal es la mente del Espíritu. Como Greathouse señala: "Si la 'mente carnal' está atada a la tierra, 'la mente del Espíritu' está puesta en 'las cosas de arriba, donde está Cristo sentado a la diestra de Dios' (Col. 3:1).[64]

¿Por qué Pablo presenta un cuadro tan lúgubre del andar en la carne? Dicho de otra manera, ¿por qué esta forma de anda se describe como vana e inexcusable? Pablo perfila tres razones. En primer lugar, puntualiza que la carne es hostil hacia Dios (v.7a). "La carne" no es solo rebelde o poco cooperadora; sino que es enemiga acérrima de Dios. "No es posible mediar ni hacer una transición natural entre ambas esferas; ya que se trata de puntos de vista ontológicos, dos campos de poder que se oponen férreamente el uno con el otro." En segundo lugar, la carne no puede sujetarse a la ley de Dios (v.7b). Lo único que produce es muerte. Vivir conforme a la carne significa vivir sin tener acceso a Dios. Significa vivir atado a lo que es terrenal y perecedero.[65] Los creyentes están obligados a vivir conforme al Espíritu y no según la carne. No se trata de de una decisión. Para Pablo, la carne y el Espíritu, no tienen nada en común. No existe un punto medio entre andar en el Espíritu y andar en la carne. La exhortación apostólica no admite concesiones. En tercer lugar, quienes se someten a los designios de la carne no pueden agradar a Dios (v.8). Si la Epístola Romanos enfatiza un tema, ese tema es que la salvación crea una nueva humanidad cuyo correlato es un cambio visible en la persona. Lo que se acentúa es el cambio que ocurre en nuestra mente, en nuestra manera de pensar. En contraste con aquellos cuya mente está puesta en las cosas de la carne, Pablo afirma que los cristianos romanos son capaces de agradar a Dios, ellos no están en enemistad con Dios. Los cristianos están en el Espíritu, porque el Espíritu de Dios habita en ellos (Ro. 8:9-11). De acuerdo a Pablo, la vida en el Espíritu es solo posible *"por medio de su Espíritu que habita en vosotros."* Notemos el uso del verbo *oikei*, que significa "hacer residencia." A la luz de los versículos anteriores, se puede deducir que vivir en el Espíritu significa mucho más que el simple hecho de tener pensamientos espirituales ocasionales; mucho más que una influencia sobrenatural que afecta nuestro comportamiento. Es la presencia del Espíritu en los creyentes la que posibilita vivir en el Espíritu. Es la presencia permanente del Espíritu la que motiva al creyente a desarrollar una mente orientada a las cosas espirituales. Resulta bastante interesante notar que en su argumento, Pablo no niega los deseos naturales, sino que exhorta a los creyentes a ponerlos bajo el control del Espíritu Santo.

Sino por mi Espíritu – Romanos 8:1-39

Otro punto importante que este pasaje sugiere es la dimensión corporativa de la existencia de los creyentes y la santidad de los mismos. El Espíritu habita, colectivamente, en los cristianos de Roma. En consecuencia, parece correcto sugerir que también se alude a la comunidad a la cual pertenece cada creyente. Pablo no siente temor de afirmar que el Espíritu de Dios ha venido a residir en la congregación de Roma. En tal sentido, como congregación, ellos puedan agradar a Dios. La relación entre un individuo y otros individuos se expresa en la siguiente frase, *"Pero si alguno no tiene el Espíritu de Cristo, el tal no es de Él."*

Dos importantes inferencias emergen. En primer lugar, se puede sugerir que es la actividad del Espíritu -durante la justificación- la que hace efectiva el ingreso al Cuerpo de Cristo. En segundo lugar, de la observación anterior, se desprende el papel clave que juega la iglesia en el mantenimiento de la santidad de todo el Cuerpo. La iglesia es la esfera en la cual se forma y se preserva la santidad. Vivir en la llenura del Espíritu no debe ser el distintivo de dos ó tres individuos al interior de la congregación. Vivir en santidad es un asunto de todos. La vida en el Espíritu o la santidad cristiana, nunca tiene que ser vista como la virtud de individuos aislados de una comunidad, sino que su propósito se orienta al bienestar de la otra persona.

Ro. 8:12-17

> 12. Así que, hermanos, somos deudores, no a la carne, para vivir conforme a la carne, 13. porque si vivís conforme a la carne, habréis de morir; pero si por el Espíritu hacéis morir las obras de la carne, viviréis 14. Porque todos los que son guiados por el Espíritu de Dios, los tales son hijos de Dios 15. Pues no habéis recibido un espíritu de esclavitud para volver otra vez al temor, sino que habéis recibido un espíritu de adopción como hijos, por el cual clamamos: ¡Abba, Padre! 16. El Espíritu mismo da testimonio a nuestro espíritu de que somos hijos de Dios, 17. y si hijos, también herederos; herederos de Dios y coherederos con Cristo, si en verdad padecemos con Él a fin de que también seamos glorificados con Él.

En Ro. 8:12-17, el argumento de Pablo es "verdaderamente razonable."[67] En el versículo 11 establece que el Espíritu de Dios *"habita en vosotros."* Y en el siguiente versículo (v.12) trata sobre la obligación impuesta por la residencia del Espíritu. En los próximos versículos establece las demandas impuestas sobre la persona en quien el Espíritu Santo reside. Los versículos 12-17, tomados en conjunto, indican que el discipulado se caracteriza por la obediencia. Luego de haber especificado los distintivos de la nueva vida en el Espíritu, Pablo llama a los creyentes a comportarse como lo que son, participando activamente en la obra de salvación. Ya les ha llamado a *"considerarse muertos para el pecado"* y a *"ofrecer sus miembros como instrumentos de la justicia"* (Ro. 6:11, 13). Los creyentes no tienen ninguna obligación de vivir conforme a la carne. La obligación que recae sobre cada creyente, así como sobre toda la comunidad de fe, está directamente relacionada con su nueva identidad, la que Pablo asocia con pertenecer a una familia como hijos de Dios (v.14). La conducta cristiana, tanto comunitaria como personal, no solo tiene que reflejar quienes son los creyentes, sino también a *quien* pertenecen ellos. O como señala Morris: "es importante que quienes pertenecen a Cristo vivan como si fuesen de Cristo."[68] La razón que obliga al creyente a andar conforme al Espíritu se especifica en el versículo 13.[69] Vivir según la carne conduce a la muerte. En contraste con esta muerte se encuentra la certeza de que vivir conforme al Espíritu, haciendo morir las obras de la carne, tiene como resultado la vida. Es importante notar que en lugar de referirse a las obras de la carne, Pablo habla específicamente de *praxeis*, "obras"del cuerpo.[1] Esta palabra hace referencia a las acciones y prácticas que son el resultado de nuestras creencias. Lo más probable es que Pablo haya utilizado esta palabra para enfatizar que las creencias correctas tienen que evidenciarse en un comportamiento correcto, concreto y tangible. De esta forma el creyente demuestra que está siendo guiado por el Espíritu. El versículo 13b pone de manifiesto la diligencia con la que el creyente tiene que luchar contra las obras de la carne: y tiene que hacerlas morir, o de lo contrario, dejar que las mismas le maten. La consistencia con la cual se tiene que actuar queda implicada por el uso del verbo en tiempo presente *"hacéis morir."* Así de inevitable es la muerte cuando el creyente falla en su obediencia. Una realidad que se expresa en la frase en tiempo futuro *"habréis de morir."*

Los creyentes tienen que hacer morir las obras de la carne y dejarse guiar por el Espíritu. En el versículo 14, la conjunción *porque* sugiere que el versículo es tanto una aclaración como una reiteración del versículo 13. La

---

[1] Nota de la traductora: En Ro. 8:13 el original en griego utiliza la palabra *soma* que se traduce como cuerpo. Sin embargo, tanto la Reina-Valera de 1960 como la Reina-Valera 1995, así como "La Biblia de las Américas", utilizan la palabra "carne" y no "cuerpo", como sugiere el autor del libro. La Nueva Versión Internacional traduce, correctamente, la palabra *soma* como cuerpo.

Sino por mi Espíritu – Romanos 8:1-39

pregunta crucial que tiene que hacer es la siguiente: ¿Qué significa ser guiado por el Espíritu? ¿Cómo se relaciona ese hecho con la santidad? El verbo '*agontai*', según Burke, ha sido traducido como ser "guiado por el Espíritu" (cf. 1 Cor. 2:12), y es el lenguaje de los 'entusiastas' como los que encontramos en Corinto.[70] No obstante, la evidencia lexicográfica no sostiene este punto de vista, ya que en ningún lugar este verbo se traduce como 'guiar.'[71]

Ser guiado por el Espíritu, no queda restringido a los místicos, sino que tiene que ser la experiencia normal de todos los hijos de Dios. En el presente contexto, este verbo se relaciona tanto con el hecho de andar según la carne, como con el hecho de andar conforme al Espíritu. Trata sobre la santidad en la vida diaria. No se trata de un evento esporádico, sino de un estilo de vida de sumisión diaria al Espíritu, la cual tiene como correlato la muerte continua de las obras de la carne. Se trata de una experiencia constante que afecta todas las actividades del creyente en cada momento de su vida.

A diferencia de la opinión popular, la dirección provista por el Espíritu Santo, no se limita únicamente a asuntos como la toma de decisiones.[72] Ya que tiene una dimensión moral que exige a los hijos de Dios morir a la carne diariamente. Tiene el siguiente propósito: salvar del pecado y dirigirnos hacia la santidad. La opinión de Hendricksen, sobre ser "guiado por el Espíritu", subraya ese asunto:

> ¿Qué es lo que realmente significa la dirección del Espíritu (para cambiar de la voz pasiva a la activa)? Significa santificación. Es la influencia constante, efectiva y benéfica que el Espíritu Santo ejerce dentro de los corazones y las vidas de los hijos de Dios, capacitándoles cada vez más para que destruyan la raíz del pecado y caminen con libertad y alegría en los mandamientos de Dios.[73]

Y según Ferguson:

> La dirección del Espíritu de la que habla Pablo tiene un contenido claro y definido. La misma está íntimamente conectada con la ayuda que el Espíritu ofrece (v.13) para 'hacer morir las obras de la carne.' La dirección del Espíritu es la de una oposición radical contra el pecado. Decir que uno experimenta el ministerio del Espíritu de adopción y, aún así batallar contra el pecado, es engañarse a uno mismo. El Espíritu de adopción es la misma persona que el Espíritu de santidad del cual

Pablo ha hablado anteriormente (Rom. 1:4). Su presencia trae consigo una nueva actitud hacia el pecado. En donde esa actitud está presente, El está presente.[74]

Consecuentemente, la verdadera prueba para el creyente se relaciona con la disposición a responder a la dirección del Espíritu que mora en su interior, particularmente cuando este dirige su atención hacia los hábitos de comportamiento que Pablo describe como las obras del cuerpo. En este punto, Pablo deja esas obras a la convicción del Espíritu Santo, pero más adelante dará instrucciones prácticas sobre las mismas. Lo que más importa en este punto, según Schreiner, es que quienes son guiados o gobernados por el Espíritu, son hijos de Dios o el pueblo escatológico de Dios.[75] El argumento de esta sección alcanza su punto culminante en los versículos 15-17 donde Pablo habla sobre la adopción.[76] Esta sección puede ser resumida de la siguiente manera: Los cristianos han recibido el Espíritu de adopción (v.15 a), por el cual claman "¡*Abba, Padre!*" (v.15 b). En el versículo 16, Pablo trata sobre el testimonio del Espíritu.[77] Y en seguida afirma que los creyentes son herederos de Dios y coherederos con Cristo. Nuestro interés principal son las implicaciones éticas de esta adopción. L.H. Marshall las resume así:

> Las implicaciones éticas de la adopción son obvias. Un 'hijo de Dios' debe comportarse de una manera digna según su augusta ascendencia, solo quienes así se comportan, son verdaderamente hijos".... solo como hombres que se parecen a Dios, ellos pueden realmente probarse así mismos, como hijos de Dios.[78]

De modo que es correcto sugerir que la vida en el Espíritu requiere que los creyentes, tanto individual como comunitariamente, se comprometan a reflejar la santidad de Dios en su vida diaria. Varios puntos del versículo 17 tienen que ser tomados en cuenta. El mismo repite el lenguaje de adopción del versículo 15. Como resultado de la adopción, los creyentes son hijos de Dios, mediante el testimonio del Espíritu (v.16). Más aún, son herederos con Cristo. Es aquí donde se puede notar la tensión escatológica del "ya" y "todavía no" que caracteriza a la teología paulina. El lenguaje de herederos apunta hacia el futuro. El énfasis solidario de Pablo es también contundente. El mismo se expresa en términos de la relación que existe entre la comunidad de creyentes y Cristo. Pablo habla de ser "*coherederos con Cristo*", "*padeciendo con El*" y "*siendo juntamente glorificados con El.*" Finalmente, este versículo prepara al lector para el resto del capítulo en el que Pablo se explaya más sobre los sufrimientos del creyente y la posibilidad de su victoria. Los creyentes pueden sufrir padecimientos con fortaleza debido a la esperanza de gloria y a la certeza de su completa redención. Según Pablo, no importa cuán terrible pueda ser el sufrimiento presente, ya que este sufrimiento *"no se compara con la gloria venidera que en nosotros ha de manifestarse."*

Ro. 8: 18-25

> 18. Pues considero que los sufrimientos de este tiempo presente no son dignos de ser comparados con la gloria que nos ha de ser revelada 19. Porque el anhelo profundo de la creación es aguardar ansiosamente la revelación de los hijos de Dios 20. Porque la creación fue sometida a vanidad, no de su propia voluntad, sino por causa de aquel que la sometió, en la esperanza 21. de que la creación misma será también liberada de la esclavitud de la corrupción a la libertad de la gloria de los hijos de Dios 22. Pues sabemos que la creación entera a una gime y sufre dolores de parto hasta ahora 23. Y no sólo ella, sino que también nosotros mismos, que tenemos las primicias del Espíritu, aun nosotros mismos gemimos en nuestro interior, aguardando ansiosamente la adopción como hijos, la redención de nuestro cuerpo 24. Porque en esperanza hemos sido salvos, pero la esperanza que se ve no es esperanza, pues, ¿por qué esperar lo que uno ve? 25. Pero si esperamos lo que no vemos, con paciencia lo aguardamos.

Pablo proporciona una perspectiva valiosa que aquellos que son guiados por el Espíritu descubren. "En vista de la naturaleza oculta de nuestra adopción, entendemos que nuestra existencia como cristianos llenos del Espíritu incluirá sufrimientos en el tiempo presente."[79] Pablo demuestra que el creyente vive en una era mixta. Aunque libres, sin embargo, los creyentes viven en un mundo tapizado por el pecado. Contrariamente a lo que piensan ciertos creyentes, los hijos de Dios, no están libres de los sufrimientos del tiempo presente. Pero tampoco se tiene que concluir que el sufrimiento de un creyente tenga relación con su falta de fe. Pablo afirma: *"Pues considero que los sufrimientos de este tiempo presente no son dignos de ser comparados con la gloria que nos ha de ser revelada."* Compara así, los sufrimientos presentes, con la gloria escatológica que ha de ser revelada en los creyentes. Esa comparación no tiene precio.

A pesar de que la intención de Pablo no es responder a la pregunta, ¿por sufre el justo? El demuestra, sin embargo, que la santidad no proporciona inmunidad contra las pruebas y los sufrimientos. Desde su punto de vista, las pruebas y los sufrimientos capacitan al creyente, para que pueda mantener su confianza en Dios en medio de las circunstancias adversas. En consecuencia, la vida en el Espíritu es una vida de total certeza de que Dios tiene el control de todas las cosas. Aún en medio de la presente tribulación, los creyentes aguardan paciente y confiadamente por su salvación total, la revelación de la gloria de Dios.

En Ro. 8:1-17, ha quedado demostrado que la vida en el Espíritu o la santidad, se caracteriza tanto por libertad como por la responsabilidad. A partir de ese punto, Pablo describe la vida santificada como una vida de esperanza en medio de los sufrimientos. Demuestra que una vida que se encuentra bajo la dirección del Espíritu, la misma que se encuentra en un mundo de maldad y que puede padecer sufrimientos y está relacionada con las perplejidades y durezas que forman parte de la experiencia humana., acepta esa realidad con una fe indomable y segura.

Indudablemente lo que Pablo afirmó, significó mucho para los cristianos de Roma, y tiene un valor semejante para nosotros. La perspectiva de Pablo es sumamente clara. La santificación no inmuniza al creyente contra el sufrimiento. El sufrimiento tiene que ser entendido como parte de la experiencia cristiana. Cualquiera sea la causa que está detrás del sufrimiento del creyente, cuando este recuerda la gloria venidera, puede hacerle frente con seguridad y firmeza. Pablo está pensando en una redención completa en la que compartiremos la gloria de Cristo eternamente. ¡Qué gloriosa esperanza para quienes sufren el azote de enfermedades como el SIDA, para los que son víctimas de la injusticia y la maldad, para los santos perseguidos en muchas partes, y para todos los cristianos que han sentido los golpes bajos de las tragedias, las circunstancias adversas y una demoledora aflicción!.

En los versículos 19-22, Pablo explica sobre el sufrimiento presente del que ha tratado en el versículo 18, afirmando que no solo los seres humanos padecen, sino que también sufre toda la creación. Según Pablo, la creación ha sufrido por el pecado humano y en cierta forma espera la consumación de la redención de la humanidad. Toda la creación siente la separación, distanciamiento y corrupción que el pecado humano ha engendrado y anhela ser liberada.[80] La creación aguarda con ansias *"la manifestación de los hijos de Dios."* El lenguaje de Pablo es sumamente poético. He aquí un drama cósmico. La creación quedó sujetada a vanidad, no voluntariamente, sino por la voluntad de Dios. Sintió el impacto de la caída de Adán. Sin embargo, fue sujetada "en esperanza." También comparte la esperanza de la redención. Pero vendrá un día en el que la creación será *"también liberada de la esclavitud de la corrupción a la libertad de la gloria de los hijos de Dios."* El gemido de la creación expresa algo sobre la grandeza de la obra redentora de Cristo. Para Pablo, la salvación no es solamente la restauración de los individuos o de espíritus aislados, sino que incluye a toda la creación. La renovación de todas las cosas está tanto conectada como anclada en la renovación humana, así como la degradación humana ha corrompido todas las cosas. ¿Está Pablo preocupado por el medio ambiente? O dicho de otra manera, "¿tendrán estos versículos alguna relación con los problemas ecológicos?" Las palabras de Kaylor, sobre este asnto, son bastantes útiles:

> Los comentarios de Pablo sobre el gemir de la creación no buscan crear simpatía por esta, tampoco tienen como interés primordial el exhortar a los seres humanos a ser más responsables por el medio ambiente. Ambas son aplicaciones valiosas de la teología paulina a la crisis ecológica actual, y quienes estén preocupados por el medio ambiente ciertamente pueden contar con la ayuda del apóstol para hacerle frente. Pero la intención de Pablo, no es discutir los problemas de la creación como tal; ya que su preocupación está relacionada con los sufrimientos de la era actual, y particularmente, en la pregunta de si estos sufrimientos anulan la esperanza que él tiene para el futuro.[81]

En el versículo 23, Pablo amplía su argumento: *"Y no sólo ella, sino que también nosotros mismos, que tenemos las primicias del Espíritu, aun nosotros mismos gemimos en nuestro interior, aguardando ansiosamente la adopción como hijos, la redención de nuestro cuerpo."* Más aún, afirma que nosotros los cristianos, que tenemos las primicias (*aparque*) del Espíritu, también gemimos por la consumación de nuestra redención. En otras palabras, anhelamos el fruto de nuestra adopción en la redención de nuestro cuerpo. Para los creyentes la nueva era ha comenzado y sus bendiciones nos pertenecen. Pero aguardamos con ansias la consumación, la redención de nuestro cuerpo.[82] Esta es la esperanza de la cual Pablo habla en los versículos 24-25. Esa esperanza es clave en nuestra salvación. *"Porque en esperanza hemos sido salvos."* La esperanza no es soñar despiertos; ya que se trata de una esperanza disciplinada. Lo que indica la idea de expectativa y de confianza. Todavía falta lo mejor. Es mucho más maravilloso de lo que nuestras pequeñas mentes pueden entender, más glorioso de lo que podamos imaginar. Es una visión brillante que nos impulsa hacia delante y que nos permite estar firmes a pesar de las pruebas o de los fracasos. Precisamente, debido a la esperanza celestial que tenemos, podemos resistir.

Ro. 8:26-27

> 26. Y de la misma manera, también el Espíritu nos ayuda en nuestra debilidad; porque no sabemos orar como debiéramos, pero el Espíritu mismo intercede por nosotros con gemidos indecibles; 27. y aquel que escudriña los corazones sabe cuál es el sentir del Espíritu, porque El intercede por los santos conforme a la voluntad de Dios.

Los versículos 26-27 explican aún todavía el significado de una vida llena del Espíritu. Es una vida de oración que va más allá de nuestras capacidades humanas y de nuestra elocuencia. El Espíritu Santo está íntimamente relacionado con ella. El es el ayudador del creyente, ¡su compañero de oración! ¡Qué maravillosa verdad! ¡Qué gran alivio! En ocasiones en las situaciones complejas de la vida nos sentimos confundidos, asustados y cegados. Confundidos sobre nuestra responsabilidad, confundidos con respecto a las aflicciones, confundidos con relación al poder del mal en el mundo. En esas circunstancias, no sabemos cómo orar por nosotros mismos, por los demás, ni por la redención. Pero el Espíritu Santo *"nos ayuda en nuestra debilidad"*. En otras palabras, nos ayuda en nuestra debilidad, la debilidad del tiempo presente. Pablo utiliza una palabra gráfica para ayuda, *sunantilambano*, la cual significa que el Espíritu toma control de nuestra dificultad al ponerse frente a nosotros. El nos ayuda mientras oramos. Nuestra oración se vuelve su oración. No entendemos las cosas por las que debemos orar, sin embargo, el Espíritu mismo intercede por nosotros con gemidos indecibles. El sabe como traducir nuestras peticiones para que sean aceptables delante del Padre, porque conoce perfectamente la voluntad de Dios, y está en armonía con El. El (Dios) escudriña nuestros corazones y conoce la mente del Espíritu (v.27). Cuando escudriña nuestro corazón, no encuentra nuestros gemidos imperfectos, sino la mente del Espíritu. En tal sentido, lo importante, no es orar con inteligencia o con elocuencia, sino en comunión con el Espíritu Santo.

Ro. 8: 28-30

> 28. Y sabemos que para los que aman a Dios, todas las cosas cooperan para bien, esto es, para los que son llamados conforme a su propósito 29. Porque a los que de antemano conoció, también los predestinó a ser

hechos conforme a la imagen de su Hijo, para que El sea el primogénito entre muchos hermanos; 30. y a los que predestinó, a ésos también llamó; y a los que llamó, a ésos también justificó; y a los que justificó, a ésos también glorificó.

Estos versículos presentan la vida en el Espíritu como una vida de absoluta seguridad. Pablo explica más extensamente sobre la seguridad que los creyentes tienen en medio del sufrimiento. A pesar de los padecimientos y de la debilidad, de la persecución o tribulación, de todos los problemas de la vida, Dios siempre tiene el control. El hace posible que en todos aquellos que le aman y están comprometidos con su voluntad todas las cosas que suceden resulten para bien. En otras palabras, existe una providencia que está por encima de todo. Esa providencia es producto de la voluntad de Dios para la vida de sus hijos. Hay que tener en cuenta este énfasis de Pablo. Durante toda esta sección de su Epístola, Pablo ha estado reflexionando sobre el sufrimiento. Sugiere que el sufrimiento puede ayudar a los creyentes, para que ellos estén preparados en el camino del seguimiento al Señor, haciendo que su carácter se parezca más al de Cristo. El puede cambiar la enfermedad y los infortunios, la escasez y la persecución, el dolor y la muerte, la tensión y el conflicto, todas las experiencias de una vida, para que se transformen en un medio de bendición para aquellos que le aman y anhelan que su propósito se realize en sus vidas.

En el versículo 29 Pablo continúa explicando el tema de la santificación presentándola como el propósito eterno de Dios. Afirma que Dios se propuso *"conformarnos a la imagen de su Hijo"*; es decir, hacer que crezcamos más y más en la imagen de Cristo. Uno no puede sentirse seguro de ser amado y llamado por Dios, sin ser desafiado primero, por lo que uno mismo es en su propia vida. La santificación es mucho más que estar apartados. Hemos sido separados para que nos parezcamos a Su Hijo. La palabra "imagen", una traducción del término griego *eikon*, es importante para Pablo.[83] Su uso en esta sección de la Epístola a los Romanos es parecido a su uso en 2 Co. 3:18, donde Pablo sostiene que los creyentes serán conformados a la imagen de Cristo. Aunque esta transformación comienza en el presente, no será consumada sino en el futuro. A los que predestinó, a ésos también llamó; y a los que llamó, a ésos también justificó; y a los que justificó, a ésos también glorificó. Pablo habla de la glorificación como si ya hubiese tenido lugar. Su cumplimiento es más que seguro en el futuro. Indudablemente, este es el punto culminante de la obra redentora de Dios en Cristo Jesús, por medio de su Espíritu. El propósito de Dios es que sus hijos sean como el Hijo de Dios. Su poder soberano sirve de garantía para la futura glorificación. El Dios de gracia es el Dios de propósito. Y el Dios de propósito es el Dios de poder.[84] Sobre estos versículos, Bowens, afirma que: *"Ni nuestra predestinación ni la esperanza de la gloria venidera tienen valor alguno si no hemos empezado a parecernos a El. Hemos sido predestinados a ser como Cristo; sólo los que se parezcan a El participaran de Su gloria."*[85]

Ro. 8: 31- 39

> 31. Entonces, ¿qué diremos a esto? Si Dios está por nosotros, ¿quién estará contra nosotros? 32. El que no eximió ni a su propio Hijo, sino que lo entregó por todos nosotros, ¿cómo no nos concederá también con El todas las cosas? 33. ¿Quién acusará a los escogidos de Dios? Dios es el que justifica 34. ¿Quién es el que condena? Cristo Jesús es el que murió, sí, más aún, el que resucitó, el que además está a la diestra de Dios, el que también intercede por nosotros 35. ¿Quién nos separará del amor de Cristo? ¿Tribulación, o angustia, o persecución, o hambre, o desnudez, o peligro, o espada? 36. Tal como está escrito: Por causa tuya somos puestos a muerte todo el día; somos considerados como ovejas para el matadero 37. Pero en todas estas cosas somos más que vencedores por medio de aquel que nos amó 38. Porque estoy convencido de que ni la muerte, ni la vida, ni ángeles, ni principados, ni lo presente, ni lo por venir, ni los poderes, 39. ni lo alto, ni lo profundo, ni ninguna otra cosa creada nos podrá separar del amor de Dios que es en Cristo Jesús Señor nuestro.

Este pasaje contiene la exposición de Pablo sobre la justicia de Dios. Resumamos brevemente su argumento. Hasta esta sección de la Epístola, Pablo ha probado la culpa de la humanidad, debido a la universalidad del pecado y a la ira de Dios contra éste (Ro. 1:18-3:20). Ha establecido también la verdad sobre la justificación por la fe y el camino de la salvación por la gracia de Dios (Ro. 3:21-5:21). Además, ha hecho evidente la necesidad de la santificación, y ha descrito la nueva vida en Cristo como una vida de libertad y de responsabilidad (Ro. 6:1-8:17). Es en esta sección en donde el argumento de Pablo alcanza su punto culminante, cuando proclama con júbilo que nada puede anteponerse al propósito de la gracia de Dios, porque nada puede separar al creyente del amor de Dios en Cristo Jesús, Señor nuestro. Esta es la certeza que nos brinda seguridad.

En esta sección encontramos varias preguntas. En el versículo 31, Pablo pregunta: *"¿Qué diremos a esto?"* Es posible que al hacer mención "a esto" esté refiriéndose a todo lo que anteriormente ha dicho sobre la salvación y sobre el propósito soberano de Dios para sus hijos. Sin embargo, parece más probable que está señalando de manera más definida los *"sufrimientos de este tiempo presente"*, las tentaciones y las pruebas, las enfermedades y las tribulaciones que son comunes en esta vida. ¿Qué pueden decir los cristianos? ¿Qué seguridad pueden tener a la luz de las angustias de esta vida? Pablo proporciona tres respuestas a estas interrogantes. En primer lugar, afirma que Dios es por nosotros, sostiene que El está de nuestro lado. Los creyentes tienen adversarios. Pero es la certeza de la presencia y la ayuda de Dios lo que marca la diferencia. No hace falta otra seguridad. La pregunta, *"Si Dios está por nosotros, ¿quién estará contra nosotros?"* es retórica. La misma no implica duda. Pablo la utiliza para puntualizar su argumento. En realidad, no importa quien se oponga a nosotros, ya que Dios está de nuestro lado. Los dioses romanos eran ambivalentes, ya que en ocasiones estaban del lado de sus seguidores, y en ocasiones no estaban de su lado. La evidencia contundente de que Dios está de nuestro lado se encuentra en el versículo 32. El no eximió a su propio Hijo, sino que lo entregó por nosotros. Queda así evidenciada la realidad de que Dios está con nosotros. El evento de Cristo claramente establece que Dios está por nosotros. Dios vio la necesidad de una humanidad culpable, indefensa, y totalmente arruinada por el pecado. Para atender esa necesidad, Dios fue al extremo de entregar a su propio Hijo en propiciación por nuestro pecado. Si Dios estuvo dispuesto a llegar a ese extremo, *"¿cómo no nos concederá también con El todas las cosas?"* El nos dará, específicamente, el beneficio total de su redención para garantizar nuestra entrada en su reino. A la luz de lo que Dios ha hecho por nosotros, tenemos que estar seguros de que su actitud siempre estará caracterizada por su deseo de redimir, por su amor infinito y por su misericordiosa compasión. Los recursos de Dios fueron invertidos en la cruz del calvario. Consecuentemente, podemos estar seguros de que la inversión que Dios ha hecho en nuestra salvación, no quedará sin fruto.

Pablo formula otra pregunta: *"¿Quién acusará a los escogidos de Dios?"* En otras palabras, ¿quién puede emitir juicio en contra del creyente? Ninguna acusación puede prevalecer porque Dios es el que justifica. El cristiano ha sido justificado por la fe. Ha sido perdonado de su pecado. Es un trofeo de la gracia divina con un récord delante de Dios que nadie puede alterar. Nadie puede levantar cargos en contra de los creyentes, porque sus pecados son contra Dios, los mismos que ya han sido justificado gratuitamente *"por su gracia mediante la redención que es en Cristo Jesús."*

Transformados por Gracia

La misma idea se repite en la pregunta, "*¿Quién es el que condena?*" Había una condenación por el pecado. Merecíamos la ira de Dios. Sin embargo, Cristo murió por nosotros, y por medio de El recibimos la expiación de nuestro pecado. Cristo se hizo pecado por nosotros, para que nosotros fuésemos hechos justicia. Esto es un eco de Ro. 8:1: "*Por consiguiente, no hay ahora condenación para los que están en Cristo Jesús.*" El apóstol continúa explicando otros aspectos centrales de la obra redentora de Cristo. El murió, se levantó de entre los muertos, está a la diestra de Dios, desde donde intercede por nosotros como nuestro Sumo Sacerdote. Por medio de su muerte se hizo maldición por nosotros. Por medio de su resurrección probó la validez de su sacrificio y la realidad de su poder sobre la muerte y el pecado. Su ascensión revela su majestad y su poder soberano. Como nuestro abogado, defiende los méritos de su sacrificio por todos nuestros pecados pasados, presentes y futuros. Es poderoso para salvar eternamente, puesto que vive eternamente para interceder por nosotros (He 7:25).

Pablo formula una tercera y última pregunta: "*¿Quién nos separará del amor de Cristo?*" En el versículo 39 trata sobre "el amor de Dios." Tanto el amor de Cristo como el amor de Dios tienen el mismo significado. Pablo enumera varias dificultades: tribulación, angustia, persecución, hambre, desnudez, peligro, y espada. El apóstol conocía de primera mano cada una de estas pruebas. Los cristianos de todas las épocas han sido llamados a soportarlas. Estas no pueden separarnos del amor de Cristo. Puede que nos separen de la riqueza y la salud, la familia o los amigos, de la comodidad y de la abundancia. Pero no pueden tener ningún efecto sobre el inmutable amor de Dios. Con una cita del Sal. 44:22, Pablo dice que estas pruebas son como una tortura lenta. Es como si fuésemos "puestos a muerte todo el día", como "ovejas para el matadero" por causa suya. Pero tal sufrimiento no significa que el amor de Dios haya cambiado o que algo nos haya separado de el. Antes bien, todas estas pruebas sirven para que el amor de Dios en Cristo demuestre su poder. Pablo sostiene que podemos seguir viviendo en victoria. En todas estas cosas "*somos más que vencedores por medio de aquel que nos amó.*"¡Ganamos por amplio margen! Podemos hacerlo mediante Cristo, cuyo amor nunca falla. El capítulo concluye con una afirmación triunfante de fe. Pablo culmina su catálogo de sufrimientos para exclamar que nada puede separarnos del amor de Dios en Cristo. Nada en nuestra vida diaria- "*ni la muerte, ni la vida*"; nada en la jerarquía de poderes invisibles, sean buenos o malos- "*ni ángeles, ni principados, ni potestades*"; nada en tiempo o espacio- "*ni lo presente ni lo por venir, ni lo alto ni

Sino por mi Espíritu – Romanos 8:1-39

lo profundo"; nada en la creación- *"ni ninguna otra cosa creada."* Nada nos podrá separar jamás *"del amor de Dios, que es en Cristo Jesús, Señor nuestro."* ¡Qué bendita certeza! Esa es la vida en el Espíritu. La nueva vida en Cristo. **La vida que ha sido transformada por la gracia.**

Lo que Pablo escribió en estos versículos debería responder a cada pregunta que uno puede formular respecto al resultado final de nuestra fe en Cristo. Queda claro en estos versículos, así como en todo el capítulo 8 de la Epístola a los Romanos, que los creyentes tienen que sentirse seguros de su salvación final. Pero en este pasaje hay mucho más que seguridad espiritual. También se les desafía a los cristianos a vivir la vida victoriosa que ha sido hecha posible mediante el Espíritu, demostrándole al mundo la fe, el valor y el gozo producto de la convicción de que somos el pueblo santo de Dios, para quienes no hay condenación.

Conclusión

Al concluir este capítulo, tenemos que regresar a la pregunta sobre el significado de vivir en la llenura del Espíritu. ¿Podrá definirse ésta como el hablar en lenguas y la manifestación de los dones espirituales, tan válidos como estos puedan ser? Indudablemente la respuesta es no. ¡Es mucho más! Pablo considera al Espíritu Santo como la fuerza moral para la vida diaria. La experiencia actual del creyente con Cristo es posible mediante el Espíritu y, precisamente, este es el poder de la ética cristiana. La venida del poder del Espíritu Santo es para transformar al ser humano mediante Jesucristo, el Hijo de Dios. Pablo no solo describe uno, sino muchos de los ministerios del Espíritu Santo. El Espíritu está envuelto en nuestra salvación (Ro. 8:1-2) y santificación (Ro. 8:3). Es el Espíritu quien inicia, guía y capacita nuestras acciones, de modo que la justicia de Dios sea cumplida (Ro. 8:9-14). Además, como el Espíritu de adopción, da testimonio de que somos hijos de Dios (Ro. 8:15). El Espíritu Santo es la respuesta al problema cristiano del "cuerpo de muerte", un cuerpo que según la definición de la Ley de Dios, se encuentra dominado por el pecado y la muerte, e incapaz de producir alguna obra justa. Ro. 8 trata sobre el ministerio del Espíritu Santo en su relación con la salvación y santificación tanto su dimensión comunitaria como en su dimensión individual. Particularmente en Romanos 12, Pablo trata sobre el ministerio del Espíritu Santo, relacionándolo con la obra y el ministerio de los creyentes mediante los dones espirituales. En consecuencia, se puede concluir que no hay nada en todo este capítulo que sugiera que el creyente, debido a su experiencia de santificación, no tenga necesidad de "recibir el Espíritu Santo." La segunda conclusión lógica se desprende de la anterior. La santificación no debe ser confundida con el bautismo del Espíritu Santo. Al comparar Ro. 8:1-17, con otros pasajes paulinos, se puede distinguir ambas experiencias. La creencia de que el Espíritu Santo es sólo "poder para el servicio", como enfatizan los pentecostales, no es totalmente correcta. Ya que el Espíritu Santo es la provisión de Dios para vivir una vida santa.

La misma atención tiene que prestarse a la tensión entre el 'ya' y el 'todavía no', un tema que ocupa un lugar clave en el argumento de Pablo y es bastante prominente en este pasaje, así como en el balance de Ro. 8. Es imposible que vivamos la vida cristiana en el poder de la carne. Ya que la vida cristiana sólo es posible mediante el poder del Espíritu Santo. El inconverso solo puede vivir de acuerdo a la carne, de quien es esclavo. El cristiano tiene dos alternativas. Puede vivir en la esfera de la carne o en la esfera del Espíritu. El cristiano —varón o mujer— vivirá en uno de estos mundos. Caminará en uno de estos caminos: En el camino de la carne o en el camino del Espíritu. Desde el punto de vista de Pablo, no existe una buena razón para andar según la carne, pero sí existen muchas buenas razones para andar conforme al Espíritu. Como se demostrado en la discusión de este capítulo, la ética de Pablo se nutre de su teología. La justificación conduce a la santificación. En tal sentido, vivir en el Espíritu sin alcanzar la victoria, resulta anacrónico.

Más aún, como demuestra la segunda parte del capítulo, estar unido a Cristo no hace que la vida cristiana sea más fácil. Sin embargo, cuando los creyentes dependen del Espíritu quien ora por ellos y con ellos, obtienen la victoria en medio de los sufrimientos. El evangelio es un mensaje de victoria, no solo a la luz de lo que trae el futuro, sino en la experiencia de la comunidad cristiana de la cual forma parte el individuo. Finalmente, tengo que expresar que en capítulo se entrecruzan varios temas, los cuales resultan difíciles de discutir en estas breves páginas. Más allá de esa limitación, lo que importa es que este capítulo se recomienda a los creyentes que vivan su vida en el poder del Espíritu Santo, deleitándonos en el amor de Dios y siendo conformados cotidianamente a la imagen de su Hijo.

Capítulo 5

Santificación: Más allá de Romanos 6-8

El propósito de este estudio ha sido examinar la teología paulina sobre la santificación en Romanos 6-8. Para el logro de ese propósito he intentado demostrar: (1) que los tres capítulos están temáticamente conectados; y (2) que el concepto de Pablo sobre la santidad expuesto en Romanos 6-8, es consistente con la doctrina expuesto en sus otras cartas. Con respecto al primer tema, ha quedado claramente demostrado que el pensamiento predominante de estos tres capítulos es la santidad. Pablo exhorta a la comunidad cristiana de Roma a vivir según su nueva condición y la posición que tiene en Cristo. El hecho de haber sido transformados por Cristo obliga a los creyentes a vivir según las normas expuestas claramente en Ro. 6-8. La vida de santidad es aquella que ha sido transformada, liberada del yugo del pecado. Pablo deposita la responsabilidad de vivir una vida santa sobre los hombros de la comunidad cristiana. Los creyentes deben presentarse a si mismos como esclavos de la justicia, la cual conduce a la santificación (Ro. 6:23). La santidad es tanto libertad como esclavitud. Libertad del pecado y esclavitud para servir a Dios. Dios ha provisto lo necesario para que vivamos en santidad. Pero es el creyente quien tiene que hacer uso de esa provisión. Además, según se ha argumentado, la libertad de la que habla Pablo no se refiere solamente a quedar libre de condenación, sino que se trata de una libertad para vivir en santidad. No es quedar libres de Dios. Sino quedar libres para Dios. También se ha afirmado que la santificación tiene que estar acompañada en todo momento de la justificación.

La discusión de Ro. 6 ha demostrado que la gracia de Dios es lo suficientemente poderosa como para producir una nueva vida, para que en lugar andar en el pecado, los creyentes puedan andar en novedad de vida . En Ro. 7, Pablo presenta la santidad como el hecho de vivir libre del yugo de la ley, e indica que no se trata de una vida de lucha interminable. Este argumento alcanza su punto culminante en Ro. 8, donde Pablo establece que tanto la libertad de la ley como la libertad del pecado, han sido posibles por medio del poder del Espíritu Santo. Es evidente que la santidad se basa en la gracia de Dios y en la acción del Espíritu. Pablo considera la santidad como algo inalcanzable mediante la obediencia a la ley. Sin embargo, como lo demuestra en el capítulo 8, la santidad es posible solamente mediante el poder del Espíritu Santo. Es el Espíritu quien tiene una relación estrecha con la vida ética de los creyentes. El hecho de haber recibido al Espíritu (Ro. 8) no deviene en una excusa para no buscar la santificación. Mediante el uso de expresiones como, *'sepultados con Él', 'bautizados en su muerte', 'viviremos con Él'*, Pablo presenta la vida cristiana como una vida que se vive totalmente en el poder de Cristo y del Espíritu Santo. Los capítulos 6-8 presentar una ética para el interín, para este tiempo, mientras la comunidad cristiana aguarda la consumación de todas las cosas. Desde esta perspectiva, el concepto paulino de la santidad, refleja tanto la dimensión comunitaria como la dimensión escatológica de la iglesia. Debe señalarse que en estos capítulos la santidad de los creyentes brota de su relación con Dios a través de Cristo; la misma que se efectúa mediante el poder del Espíritu Santo.

¿Qué relación tienen estos tres capítulos con la presentación que hace Pablo de la santidad en sus otras Epístolas? Una respuesta exhaustiva a esta interrogante queda fuera del alcance de este libro. Sin embargo, como sugiere una lectura de sus otras Epístolas, existe una evidente conexión. Dicutiremos esa conexión en este último capítulo. En primer lugar, se tiene que resaltar que el mismo patrón de indicativos-imperativos presente en Romanos 6-8, domina el resto de las cartas paulinas. Mediante el uso de indicativos e imperativos, los aspectos éticos y relacionales de la santificación son aclarados, así como se hace evidente la distinción entre santificación y justificación. Así, por ejemplo, en Ro. 1:7 el pueblo que fue justificado es el mismo que es llamado "santo". En virtud de su relación con Dios, por medio de Cristo, ahora son el pueblo santo de Dios. *Han muerto al pecado*, un hecho que como se discutió previamente, tuvo lugar tanto en la conversión como en el bautismo. A la luz de ello se puede sugerir que existe un aspecto de la santificación que aunque no constituye la conversión es, sin embargo, simultánea con esta. Pero el énfasis está puesto en la naturaleza progresiva de la santificación. Esa es la labor de los imperativos. Generalmente, Pablo expresa la noción de progreso utilizando verbos en el aoristo y en el presente,[86] lo que resalta los aspectos definitivos y continuos de la santificación. Tanto los indicativos como los imperativos tienen que ser considerados como parte de un equilibrio y no tratados si estuvieran en fusión.

Romanos 12-15

No cabe duda que en los capítulos finales de su Epístola a los Romanos Pablo trata sobre varios temas. Pero más allá de esta observación, queda

Santificación: Más allá de Romanos 6-8

claro que él continúa preocupado por los temas que trató en la primera parte de esta **Epístola**. En Ro. 12-15, Pablo se concentra principalmente en la forma como la justicia de Dios, tiene que reflejarse en los creyentes como individuos y en la comunidad de fe. En Ro. 12:1-2, establece brevemente las implicaciones éticas de la fe cristiana, así como la responsabilidad que tienen los creyentes en ese campo. Describe en téerminos prácticos ccomo los creyentes tienen que demostrar su relación con Cristo en las situaciones cotidianas. Nuevamente, parece útil recordar que Pablo se dirige a quienes han sido justificados por fe (Ro. 5:10), *"libertados del pecado"* (Ro. 6:18), *"libres de la ley"* (Ro. 7:6) y *"vivificados"* en Cristo (Ro. 8:10). La partícula *"por lo tanto"* con la que comienza este pasaje, no sólo conecta al lector con los capítulos anteriores, sino que también reafirma el hecho de que la justificación tiene que conducir a la transformación. Una vez más, como ya se ha señalado, tenemos que puntualizar la importancia que Pablo le otorga a los imperativos. Aunque con una leve variación en el lenguaje,[87] como en Ro. 6:13; Pablo exhorta a los creyentes a que presenten sus *"cuerpos como sacrificio vivo y santo"* (Ro. 12:2). Inclusive, va más allá, cuando exhorta a los creyentes romanos a *"no conformarse a este mundo."* Y les demanda lo siguiente: *"sino transformaos mediante la renovación de vuestra mente."* Pablo está convocando a los cristianos romanos a comprometerse con Dios y, consecuentemente, a someterse totalmente a El. El otro aspecto valioso en esta parte de la Epístola lo constituye la naturaleza comunitaria del mandamiento de Pablo. Richard Hays lo resume con estas palabras:

> *La iglesia es una comunidad de discipulado contracultural. Es a esta comunidad que van dirigidos los imperativos.* La historia bíblica se centra en el plan de Dios para formar un *pueblo* de pacto. Consecuentemente, la primera esfera de preocupación moral no es el individuo, sino la obediencia corporativa de la iglesia. El mandamiento de Pablo en Ro. 12:1-2 da cuenta de esta perspectiva: "Presentéis vuestros cuerpos {*somata*, plural} como sacrificio vivo {*thysian*, singular}, santo, agradable a Dios…No os conforméis a este mundo, sino transformaos por medio de la renovación de vuestra mente." Es en su vida corporativa que la comunidad es llamada a ejemplificar una sociedad alternartiva, que permanece como señal de los propósitos redentores de Dios en el mundo…La coherencia de la ordenanza ética del Nuevo Testamento solo se verá en su justa perspectiva cuando entendamos el mismo en términos eclesiásticos, cuando busquemos la voluntad de Dios, no preguntando primero, "¿Qué debo hacer?", sino, "¿Qué debemos hacer?"[88]

Transformados por Gracia

En Ro. 13:14, Pablo amonesta a los creyentes a *"vestirse del Señor Jesús"*, una frase que resume las instrucciones y las exhortaciones dadas en los versículos previos. Al vestirse del Señor Jesús los creyentes no permitirán que la carne satisfaga sus deseos. El comportamiento cristiano está basado en el mismo Cristo, quien es el centro de la vida y pensamiento del creyente. Las palabras de Pablo hacen eco de Ro. 12:2. En tal sentido, "vestirse" del Señor Jesús. equivale al mandamiento de ser *"transformados mediante la renovación de vuestra mente."*[89]

Los argumentos respecto a la santidad contenidos en Ro. 12-15 se pueden resumir de la siguiente manera. En primer lugar, el evangelio tiene como correlato consecuencias prácticas que se hacen visibles en la conducta de los creyentes (Ro. 12:1-21). En segundo lugar, la vida en santidad depende del poder del Espíritu Santo. Como un pueblo nuevo y miembros de la familia de Dios, los creyentes tienen el Espíritu Santo quien les guía, ayuda, y asiste para que puedan vivir de una manera que agrade a Dios. En la libertad que el Espíritu Santo ofrece, siempre queda presente la opción de decidir, como antes no era posible bajo el yugo del pecado. En tercer lugar, la vida transformada no es un asunto individual. Ya que también incluye nuestras relaciones personales, nuestra familia biológica, los creyentes de otras denominaciones (cf. Ro 12:3-13; 14:1-15:13), así como los miembros de la sociedad que aún no pertenecen a la familia de Dios (Ro. 12:14-13:7).

1 y 2 de Corintios

En la correspondencia a los Corintios, Pablo insiste claramente en la santidad de corazón y en una vida recta. Afirma que los corintios pasaron a formar parte del pueblo de Dios cuando fueron *"santificados en Cristo Jesús."*, cuando fueron "apartados" para Dios. Todos aquellos que han venido a la fe en Cristo son considerados como *agios* (santos; véase 1 Co. 16:4; 2 Cor. 1:4; 8:4; 9:1, 12; 13:12). Lo que permite afirmar que la comunidad de fe puede ser descrita como el templo de Dios (1 Co. 3:17).

Como partícipes de la gracia de Dios en Cristo, los miembros de la comunidad de fe, son el pueblo que Cristo compró para la gloria de Dios (1 Co. 6:20). Como propiedad de Dios, evidenciada tanto en la presencia del Espíritu Santo como en la obra redentora de Cristo quien es nuestra santificación, los creyentes tienen que glorificar a Dios. Glorificar a Dios incluye darle a conocer. Los que no conocen a Cristo no pueden dar gloria

Santificación: Más allá de Romanos 6-8

a Dios (véase Ro. 3:23). Sin embargo, como las aberraciones de los Corintios demuestran, la capacidad de glorificar a Dios puede ser o no puede ser manifestada, un asunto crítico al cual Pablo dedica varios capítulos (véase 1 Co. 5:1-13; 6:1-20). En estos pasajes, Pablo no solamente contrasta el patrón de comportamiento de los creyentes de Corinto con el de sus vecinos, sino que demuestra que la santidad impone exigencias sumamente claras a los creyentes que tienen que ser coherentes con su condición de personas santas. La misma tiene que caracterizarse por un estilo de vida que, como se revela en 1 Co., muchas veces está ausente en comunidades cuya espiritualidad y comprensión de la sabiduría, no se refleja en su conducta ética cotidiana.

Los creyentes de Corinto son llamados también a ser santos (una frase que hace eco de Ex. 19:5-6). Pablo sostiene que el evangelio se relaciona con la transformación y que la salvación en Cristo, sin las actitudes y la conducta del Maestro, estaría incompleta.[90] El apóstol, considera a la comunidad cristiana de Corinto como el pueblo escatológico de Dios, un hecho que determina su modo de vida en el tiempo presente.[91] En 2 Co. 7:1, Pablo resume su exhortación de los versículos previos (2 Co. 6:14-18), uniéndose a los Corintios cuando afirma *"limpiémonos de toda inmundicia de la carne."* Al incluirse en su exhortación, Pablo emplaza a la iglesia en Corinto a abandonar su relación con toda práctica de iniquidad, con los poderes de las tinieblas, con Belial, con los impíos y con los ídolos. Se trata de un llamado a una santidad comunitaria que es tanto relacional como ética. Ya Pablo ha reconocido el hecho de que los Corintios han sido lavados (1 Co. 6:9-11), una clara referencia a la experiencia de conversión. En consecuencia, parece correcto sugerir que toda la exhortación de 2 Co. 6:14-7:1 se relaciona con el aspecto progresivo de la santificación, como lo indica el uso del participio. De modo que en este pasaje, la palabra "limpieza" implica un cuidado del templo, nuestro cuerpo que es la morada del Espíritu Santo y a través del cual Dios debe ser glorificado (véase 1 Co. 6:15-20).

Más aún, en 2 Co. 11:2, Pablo recurre a la imagen del desposorio bastante común en la tradición judía, para exhortar a los Corintios. En el Antiguo Testamento se describe a Israel como una mujer desposada con Yahvéh. Pablo aplica la misma metáfora a la comunidad cristiana, específicamente, a la congregación en Corinto a quien llama la virgen pura de Cristo. Cristo es el novio y Pablo es quien entrega la novia a su esposo.[92] Mediante la metáfora del matrimonio -la separación total de un hombre y de una mujer de su familia para estar juntos- Pablo ilustra el tipo de relación que tiene que existir entre Dios y su pueblo. En esta ilustración se enfatiza el aspecto de separación que conlleva la santificación. Así como la novia deja a su familia para ser de su esposo, el pueblo de Dios debe separarse no sólo de toda impureza, sino de todo aquello que le impide ser solamente de Dios. Cuando los Corintios aceptaron el evangelio se comprometieron a ser de Cristo. Pero esta unión será final en su Segunda Venida. Mientras tanto, la responsabilidad de Pablo era asegurarse de que ellos honren su compromiso que fue sellado en el acto del bautismo.[93] De acuerdo con la ley judía, la violación de una virgen desposada era tan seria, como si el matrimonio hubiese sido consumado. Así como Dios era celoso de la lealtad de Israel, Pablo espera la misma lealtad de parte de los corintios. Este trasfondo nos ayuda a entender la exhortación de 1 Co. 11:2. Como pueblo injertado en Cristo, los creyentes de la ciudad de Corinto, tienen que vivir según las exigencias de su llamado.

Gálatas

En Gálatas se repite también el mismo patrón de Ro. 6-8. Ya es un piso común entre los eruditos que la ley, particularmente la circuncisión, es el tema central de la Epístola a los Gálatas. Sin embargo,.Pablo no aborda este tema hasta el capítulo 5, donde contrasta la circuncisión con la vida en el Espíritu.[94] En Gá 5:24, Pablo relaciona la crucifixión de la carne, con el hecho de pertenecer a Cristo. Consecuentemente, se puede vincular la crucifixión de la carne y sus deseos, con la crucifixión de Cristo. Este es el mismo concepto que Pablo presenta en Ro. 6:6. El "viejo hombre" ha sido crucificado con Cristo. Lo cual apunta a un cambio que ya ha tomado lugar. Sin embargo, la muerte de la carne no ocurre automáticamente, ya que se trata de un hecho del cual uno tiene que apropiarse por la fe. En tal sentido, no es un asunto accidental ni insignificante que Pablo utilice la voz activa, para afirmar lo que ya ha puntualizado en voz pasiva: "Pues los que son de Cristo Jesús *han crucificado* la carne con sus pasiones y deseos" (Gá. 5:24). El aoristo indica una acción completada en el pasado lo que, indudablemente, se refiere a la conversión.[95] El apóstol se refiere a una acción voluntaria realizada por aquellos que pertenecen a Cristo. Lo que indica que no es correcto tomar esta declaración como una simple deducción teológica sobre la posición que uno tiene en Cristo[96], sino como algo que ocurre dentro de la conciencia de los creyentes. Estos han renunciado a su participación en el pecado que opera desde la "carne" (*sarx*).[97] Algunos han interpretado esto como una referencia a la experiencia del bautismo.[98] A pesar de que esa referencia parece posible, la misma no se encuentra explícitamente en el texto, lo que indica que se trata de una interpretación forzada.[99] Probablemente, Pablo tuvo en mente la libre decisión moral de los creyentes que pertenecen a Cristo, ya que durante su conversión estos tomaron libremente la decisión de seguir al Señor. Han respondido a la gracia salvadora de Dios en Cristo. Han sido regenerados. Y ahora pueden decir un "No" radical al pecado. De modo que, Gál. 5:24, no trata sobre el misterio del bautismo, sino de una decisión ética tomada por los cristianos.[100] Pablo termina su argumento en el versículo 25. Aunque esa exhortación carece del imperativo utilizado en el versículo 16, "*andemos también por el Espíritu*", tiene la misma fuerza. En palabras de Parsons: "si el Espíritu ha creado un nuevo estilo de vida (Gá. 5:22-23), este debe manifestarse en la vida espiritual del creyente. La deducción moral del indicativo anterior es la siguiente: su conducta debe estar claramente gobernada por el Espíritu de Dios."[101] Tanto en Gá 5 como en Romanos 8, Pablo demuestra que el Espíritu Santo tiene una relación con la conducta ética del creyente.[102]

Efesios

Pablo, escribiendo a los Efesios, afirma lo siguiente respecto a su anterior estilo de vida: "*…en los cuales anduvisteis en otro tiempo según la corriente de este mundo, conforme al príncipe de la potestad del aire, el espíritu que ahora opera en los hijos de desobediencia.*" "Entre los cuales", prosigue, "*también todos nosotros en otro tiempo vivíamos en las pasiones de nuestra carne, satisfaciendo los deseos de la carne y de la mente*" (Efesios 2:2, 3). A la luz de esa descripción, para Pablo resulta obvio que en la vida de los efesios ha ocurrido un cambio radical, como consecuencia de su respuesta a la proclamación del evangelio. Pablo vincula la reconciliación de los efesios con la elección divina, cuyo propósito es: presentar delante de Dios a los creyentes santos y sin mancha (Ef. 1:4). Ellos no solamente fueron escogidos, mediante su relación con Dios en Cristo, sino que fueron también separados o apartados. La certeza de su elección descansa "*en Cristo.*" Dicha elección no es para la auto-indulgencia, sino para una vida que es "*santa y sin mancha*", una vida que está marcada por el amor. El capítulo 4 explica todas las implicaciones de estos términos. En el versículo 1, Pablo exhorta a los efesios para que ellos vivan "*de una manera digna de la vocación con que habéis sido llamados.*" Esta exhortación se parece al llamado a "andar en novedad de vida" (Ro. 6:4). La santidad de Dios tiene que expresarse en la santidad de su pueblo. Consecuentemente, la responsabilidad de todos los creyentes consiste en vivir de una manera digna al llamado de Dios, manteniendo una clara distinción con el estilo de vida de la sociedad predominante. Pablo, precisando tres dimensiones de la fe, desafía a los efesios para que respondan al llamado de Dios cumpliendo esas tres tareas concretas: Unidad, diversidad y madurez. Ya se ha discutido, cuando se examinó Ro. 6, lo que implica tanto el "viejo" como el "nuevo" hombre. Sin embargo, no está fuera de lugar señalar que en Ef. 4:22-24, Pablo utiliza la misma terminología del "viejo hombre." Más allá de cómo se pueda interpretar la referencia al "viejo hombre", resulta evidente que para Pablo la meta final de la iglesia es la santidad, la que incluye "despojarse" y "limpiarse" del "viejo hombre." Pablo insiste, *"y os vistáis del nuevo hombre, el cual, en la semejanza de Dios, ha sido creado en la justicia y santidad de la verdad"* (Ef. 4:.24).

Pablo se está refiriendo al cambio total que ha ocurrido en los creyentes, un cambio que tiene que reflejarse en su conducta. Las expresiones prácticas de la vida santa a las que Pablo se refiere se precisan en los siguientes versículos. Los creyentes tienen que dejar de lado toda falsedad y hablar la verdad con su prójimo (v.25); controlar su ira y no dar lugar al diablo (v.26, 27); ser honestos en todas sus relaciones (v.28); no utilizar palabras profanas ni hacer bromas soeces, antes bien, tienen que conversar sobre asuntos que edifican (v.29); ser sensibles a la dirección del Espíritu Santo (v.30); no tener amargura ni sentimientos enfermos (v.31); y estar llenos de amabilidad que es inherente a la vida de santidad (v.32). Las advertencias de Pablo sobre la vida de santidad continúan en el capítulo 5. Los creyentes tienen que ser imitadores de Dios (v.1). Pablo utiliza la palabra *mimetai, una palabra* con la que los efesios estaban relacionados. Aunque en otros lugares Pablo se refiere a la imitación (1 Co. 4:16; 11:1; 2 Ts. 3; 7, 9), la singularidad de este texto, apunta a la imitación a Dios. La santidad es, entonces, "reflejar a Dios." La imitación a Dios es influenciada por una nuestra relación con El. Como hijos amados de Dios, recíprocamente, los creyentes de Efeso tienen que imitarle a El.

En Ef. 5:26-27 se precisa aún más este asunto. Cuando exhorta a esposos y esposas, Pablo indica lo siguiente: *"...para santificarla, habiéndola purificado por el lavamiento del agua con la palabra, a fin de presentársela a sí mismo, una iglesia en toda su gloria, sin que tenga mancha ni arruga ni cosa semejante, sino que fuera santa e inmaculada."* Winchester, cuando comenta sobre el versículo 26, puntualiza que::

> Ccomo Cristo se entregó a si mismo por el mundo para redimirlo, para que por medio de su muerte fuésemos salvos, así también se dio por la Iglesia, a fin de "santificarla, habiéndola purificado." Ambos verbos aparecen en aoristo. El propósito por el que El santifica y purifica a Su Iglesia apunta a "presentársela" a si mismo "santa e inmaculada." Solo así, la iglesia, puede ser gloriosa y hermosa en Su presencia.[103]

A la luz de la discusión precedente, resulta evidente que la preocupación principal de Pablo fue enfatizar que cuando los creyentes sean presentados delante de Dios, estén éticamente puros y libres de condenación (Ro. 8:1). Nuevamente queda demostrado que la vida santa es aquella que ha sido transformada. En suma, como en sus otras Epístolas, la santidad de la que Pablo le habla a los Efesios es un privilegio y una responsabilidad de todos los cristianos.

Filipenses

La carta a los Filipenses ha sido descrita como la carta más afectuosa y personal de toda la correspondencia paulina. Como en Romanos, 1 y 2 Corintios y Efesios, los cristianos de Filipos son descritos como *agios* o santos. En la Epístola a los Filipenses, Pablo subraya también que la relación con Dios, exige una respuesta ética. A pesar de que los creyentes son agios o "santos" (Fil. 1:1), casi al comienzo de la carta, se refiere no a lo que creyentes son, sino a lo que ellos tienen que ser. Una exhortación que es bastante evidente en la oración registrada en el Fil. 1:

> Y esto pido en oración: que vuestro amor abunde aún más y más en conocimiento verdadero y en todo discernimiento, a fin de que escojáis lo mejor, para que seáis puros e irreprensibles para el día de Cristo; llenos del fruto de justicia que es por medio de Jesucristo, para la gloria y alabanza de Dios (Fil. 1:9-11).

Las oraciones de Pablo siempre reflejan aspectos importantes de su teología. La oración de este pasaje, como otras oraciones paulinas, no es un simple deseo de lo que él espera que ocurra en el futuro. Es todo lo contrario, ya que Pablo trata sobre una posibilidad actual, cuyos efectos deben continuar en la vida de los creyentes.[104] Lo valioso de esta oración es que presenta la tensión de la vida cristiana en su "ya" y "todavía no". Aunque los filipenses ya han experimentado el don del Espíritu y se encuentran disfrutando de los beneficios de la salvación, han conocido una obra que en cierto sentido (Fil. 1:10), será completada en el día de Cristo.

Transformados por Gracia

Inclusive, Pablo ora para que su amor abunde aún más y más, pues en la medida en que este crezca ellos serán capaces de discernir lo que verdaderamente importa. Este vocabulario de Pablo tiene que sopesarse en su real dimensión. El utiliza palabras con implicaciones éticas. La palabra *eikrineis* significa ser sincero o sin falta, puro, tener integridad, así como una mente, un corazón y una conducta perfectamente pura. Como ya se sostenido, se puede argumentar que la sinceridad dentro de las relaciones humanas, constituye un aspecto fundamental de una vida transformada santificada. Más aún, Pablo utiliza la palabra *aproskopoi* que significa no tener tropiezos ni ofensas, y cuya connotación indica pureza. El valor de esta oración conduce a concluir, inevitablemente, que Pablo creía en la victoria sobre el pecado y creía que el amor perfecto es posible en esta vida. En otras palabras, la oración de Pablo no tendría sentido, si en este mundo no fuese posible ser puro. "La pureza e inocencia son realidades y cualidades morales actuales que deben ser mantenidas hasta el día de Cristo."[105]

En Fil. 2:5, Pablo comienza su himno a Cristo con un imperativo: *"Haya, pues, en vosotros esta actitud que hubo también en Cristo Jesús."* Dos asuntos deben puntualizarse sobre este texto: (1) La palabra "actitud", *phronein*, significa "una actitud mental general o disposición."[106] La misma "denota una disposición general de la mente, antes que una acción específica de pensar que está orientada a cierto asunto."[107] Existe cierto paralelismo con Ro. 8:6-7, donde un término relacionado (*phronema*), se utiliza dentro de la frase "mente puesta en el Espíritu." Esto implica que la mentalidad del Espíritu, que es la misma de Cristo, debe caracterizar a los cristianos de Filipos. (2) Se debe resaltar el aspecto comunitario de la exhortación sugerido por "vosotros." Pablo extiende su argumento en Fil.2:12-13 donde expresa con suma belleza la interacción entre los seres humanos y el Espíritu Santo. Describe su salvación en términos corporativos; afirmando que esta ha venido a pertenecerle a todos por medio de la presencia y actividad de Dios en medio de ellos. Existe una expectativa de cómo deben ser ellos y como tienen que vivir. Pero es Dios quien lo hace posible. Es una colaboración; "ni el Espíritu ni el ser humano trabajan solos."[108] Como señala Walters: "su tarea es reconocer continuamente la presencia y actividad de Dios en medio de ellos, especialmente, cómo se manifiesta en las vidas de quienes les rodean."[109] Es interesante que Pablo utilice la palabra *katergadzomai*, que significa "elaborar", y que aparece en Ro. 7:8, 13, 15, 17, 18, 20).[110] La misma asume que ya existe algo en el interior que tiene que ser expresado visiblemente. En la vida del Espíritu nada es automático. Vivir en el Espíritu es estar en una relación, tanto personal como comunitaria la misma que tiene que ser cultivada y mantenida. Hawthorne afirma que: "es obvio que los cristianos, tanto en su carácter personal como comunitario, juegan un papel importante en el mantenimiento y fortalecimiento de la nueva vida que recibieron de parte de Dios como resultado de la muerte y resurrección de Cristo."[111] Los filipenses han venido a ser parte de una comunidad cuya conducta tiene que ser radicalmente distinta de la conducta de la sociedad circundante (14-16). Y, por eso mismo, los creyentes de Filipos tienen que ser coherentes con el llamado a ser santos en toda su manera de vivir.

Colosenses

En Col. 1:21-23, Pablo describe la vida anterior de sus lectores, como una vida de enajenamiento y hostilidad. Luego trata sobre el fundamento de su reconciliación y sobre la necesidad de responder al evangelio que han escuchado. El versículo 22 explica el efecto reconciliador que la crucifixión de Cristo tiene sobre los que una vez estuvieron apartados de Dios. Así, por un lado, la referencia a la muerte de Cristo implica la justificación de los colosenses, por otro, el lenguaje de reconciliación resalta el cambio en la relación que existía entre Dios y ellos. Los colosenses que estuvieron alejados de Dios, se han acercado a El, por medio de la muerte de Cristo. Es por medio de la obra de Cristo que los creyentes pueden ser presentados, delante de Dios, como santos, sin mancha e irreprensibles. Indudablemente, la santidad va mucho más allá de una mera separación, ya que implica también pureza ética. Los colosenses han sido separados para Dios por medio de la reconciliación. En tal sentido, resulta absurdo interpretar o entender la afirmación de Pablo como si los creyentes han sido apartados, para ser presentados separados delante de Dios. Quienes han sido reconciliados (Col.2:12) son los mismos que han sido resucitados con Cristo, cuya vida es Cristo (Col. 3:1, 2), y quienes han desechado el viejo hombre para vestirse del nuevo. Entonces, ¿cómo deben vivir mientras esperan ser presentados delante de Dios? Pablo enumera las implicaciones éticas de la vida resucitada en Col. 3:1-14. La misma que implica, "hacer morir" los pecados que tienen una base física: "*lo terrenal en vosotros: fornicación, impureza, pasiones desordenadas, malos deseos y avaricia, que es idolatría*" (Reina-Valera 1995), así como "desechar" las actitudes pecaminosas: "*ira, enojo, malicia, maledicencia, lenguaje soez de vuestra boca*" (BLA) (v.5-8). Un aspecto que tiene que resaltarse es que los verbos que Pablo utiliza ("haced morir," "desechad") están en el modo imperativo, lo que sugiere un acto decisivo. Así, a la luz de la transformación que los colosenses han experimentado, Pablo les exhorta a vestirse de las características propias de la vida nueva que ahora tienen (v.5, 12).

1 y 2 de Tesalonicenses

Además de la santificación, 1 Tesalonicenses, trata los temas de la elección divina y la escatología. Los tesalonicenses eran verdaderos cristianos. A pesar de que ellos estaban recién convertidos del paganismo, Pablo no tiene ninguna queja, sobre la conducta cristiana de los tesalonicenses. El apóstol se cuida de animarles a continuar con el estilo de vida que ya estaban guardando (1 Ts. 4:1, 9-10; 5:11, 4-5). Las conversiones en Tesalónica no fueron deficientes. Recordemos que Pablo se dirige a una comunidad que acababa de iniciar su relación con Dios en Cristo por medio de la experiencia de salvación. Eran imitadores del Señor (Ts. 1:6); vivían de forma agradable a Dios (Ts. 4:1) y amaban a los cristianos de toda Macedonia (Ts. 4:10). Estos creyentes no necesitaban ser exhortados en lo concerniente a sus relaciones interpersonales. La nueva relación que se ha establecido entre los cristianos y Dios en Cristo, implica desde un comienzo, una transformación completa de la persona y un sometimiento incondicional de su voluntad. Además, los nuevos siervos, deben reflejar cada día en mayor medida el carácter de su nuevo amo. Esa es la razón por la cual Pablo ora para que Dios santifique a todos los creyentes.

En 1 Tesalonicenses la santificación está íntimamente relacionada con la escatología. Pablo trata en esta Epístola, entre otros asuntos, la confusión ocasionada por la venida de Cristo. Esta es la base para su exhortación a vivir en santidad en Ts. 3:12-4:2. Un Dios santo, llama a Su pueblo a vivir en santidad, como requisito indispensable para que ellos puedan pasar la eternidad junto a El. Entre sus dos oraciones por la santificación de los Tesalonicenses, Pablo exhorta a la iglesia a dejar que Dios la santifique (Ts. 3:12-4:12; 5:23-24). Examinemos con cierto detenimiento la segunda oración.

En 1 Ts. 5:23, Pablo ora para que el Dios de paz, santifique por completo a los creyentes. El término *agiastai* que se utiliza en este pasaje es un aoristo optativo que expresa un deseo alcanzable. Como en sus otras cartas, Pablo oscila, entre la dimensión individual y corporativa de los creyentes. La segunda parte del versículo sugiere que los creyentes son irreprensibles y que Pablo ora para que ellos continúen así. Pero esa no es toda la historia. Ya que existe otro lado de la moneda. 1 Ts. 4:3-7 sugiere que algunos confrontaban problemas de índole sexual (1 Ts. 4:7) y que otros eran ambiciosos y entrometidos (1 Ts. 4:11-13). Debido a estas personas Pablo pide en su oración: *"Y que el mismo Dios de paz os (plural) santifique por completo."* En otras palabras,, Pablo está orando para que este grupo de personas lleguen a ser como la mayoría de los creyentes de Tesalónica, éticamente puros en sus relaciones al interior de la comunidad. Como en Ro. 6:12-14, también en 1 Ts. 4:3, 4, 7, se encuentra formas concretas de cómo la santidad tiene expresarse diariamente. A los creyentes se les ordena adherirse a ciertas prácticas éticas, porque ellas están cimentadas en la voluntad de Dios, una voluntad que los cristianos están llamados a obedecer. Pablo no presenta el cumplimiento de la voluntad de Dios como un asunto que los tesalonicenses deban lograr por si mismos. Todo lo contrario, respondiendo a su obediencia, Dios les ha dado su Espíritu para que puedan vencer. Pablo no solo cita Ez. 37:14, sino que además modifica la palabra Espíritu con el adjetivo "santo", para subrayar su naturaleza. Debido a que han recibido al Espíritu, quien es santo, los creyentes pueden cumplir con la voluntad de Dios. Este pensamiento continúa en 2 de Tesalonicenses. Allí Pablo insiste en que el Dios que llamó a los cristianos, también les hace dignos de su llamado, capacitándolos para que cumplan "todo deseo de bondad" (2 Ts. 1:11-12). En consecuencia, nadie puede ser "irreprensible en santidad", sin el amor que el Espíritu de Dios inspira y otorga.

Las Epístolas Pastorales

Aunque el debate sobre la autoría de las Epístolas Pastorales sigue todavía latente[112], también en estas Epístolas se puede encontrar el mismo patrón de santidad, expuesto por Pablo en Ro. 6-8. Una de las preocupaciones fundamentales de Pablo en 1 Ti. fue erradicar la influencia de los falsos maestros. Pablo le da a Timoteo algunas instrucciones sobre este asunto. Afirma que el propósito de la instrucción, tanto suya como la de Timoteo, apunta al *"amor nacido de corazón puro"* (1 Tm. 1:5). La palabra "propósito" se refiere a un fin determinado. Las Epístolas Pastorales enfatizan el hecho de que la salvación conlleva el compromiso de obedecer a Dios. El creyente es llamado a entrar en una relación que requiere la transformación ética de toda su existencia. Quienes han sido salvos, han sido llamados también a una vida de santidad, una vida en la que no hay lugar para el pecado. Es bastante instructivo el uso que Pablo hace en las Epístolas Pastorales de la palabra *kataros* (puro). Particularmente porque con frecuencia la relaciona con el corazón y con la conciencia. Para Pablo, una conciencia clara o pura, implica mucho más que el simple hecho de no sentirse culpable de pecado. Es una conciencia que ha sido transformada por el poder y el carácter de Cristo.

Como subraya Spross, cuando indica que más allá de la connotación ceremonial de palabra "pureza", "su uso también implica un conocimiento ético y una renovación moral."[113] El diácono debe guardar la fe con "*limpia conciencia*" (2 Ti. 1:3). Timoteo es exhortado a lo siguiente: "*...sigue la justicia, la fe, el amor y la paz, con los que invocan al Señor con un corazón puro*" (2 Ti. 2:22). Un texto como 2 Tm 2:22 es bastante significativo por dos razones: (1) La conexión entre el lenguaje de la justificación (justicia) y el de la santificación (pureza); (2) el uso de la palabra *kataros*. El significado aportado por el contexto implica tener una motivación honesta, clara, abierta, y sincera delante de Dios. A pesar de que las buenas obras no salvan, sin embargo, la evidencia de la gracia es un corazón transformado que practica buenas obras (ver Tit. 2:11-14). Tit. 2:14 forma parte de una sección ética en la que Pablo instruye a los creyentes sobre su conducta. Este versículo en particular profundiza el significado de la pureza. Pablo presenta a Cristo como Salvador. El es quien, "*se dio a sí mismo por nosotros, para redimirnos... y purificar (subjuntivo de aoristo) para si un pueblo propio, celoso de buenas obras.*" Aquí la palabra *pureza* enfatiza la separación de la iniquidad y la devoción a las buenas obras. En tal sentido, los creyentes "*negando la impiedad y los deseos mundanos*", son desafiados a vivir "en este mundo sobria, justa y piadosamente", para ser posesión de Dios. Así que, para que podamos pertenecer a Cristo debemos vivir en pureza, la cual incluye la práctica de las buenas obras. Y se relaciona también, indudablemente, con nuestra ética. La última palabra de Pablo sobre santidad en las Epístolas Pastorales se encuentra en Tit. 3:5. El apóstol afirma en este texto que Dios "*nos salvó, no por obras de justicia que nosotros hubiéramos hecho, sino conforme a su misericordia, por medio del lavamiento de la regeneración y la renovación por el Espíritu Santo, que El derramó sobre nosotros abundantemente por medio de Jesucristo nuestro Salvador.*" Unicamente el poder de Dios puede efectuar la transformación y la regeneración del creyente. El Espíritu Santo es el agente encargado de esa obra. Al concluir esta sección, se tiene que puntualizar que la vida santificada se relaciona con el hecho de "*andar en amor*", "comportarse de forma digna a su llamamiento." Aunque la frase "andar en novedad de vida" no está presente en la Epístolas Pastorales existe, sin embargo, una estrecha relación entre la santificación y las exhortaciones éticas presentes en estas Epístolas.[114]

Al principio se indicó que nuestro propósito apuntaba a demostrar que Romanos 6-8, guarda consistencia con las enseñanzas de Pablo sobre la santidad, como se registra en su otras Epístolas. Así ha quedado demostrado. El concepto de Pablo sobre la santidad es consistente con su modo de entender la vida cristiana. Las personas a las cuales les escribió, cuando entraron en una relación de pacto con Dios por medio de Cristo, habían dejado atrás su vida de pecado. Sin embargo, como Pablo indica, la santidad no es solamente una necesidad, sino también una posibilidad. Como cristianos tenían que reflejar la imagen del Dios al cual servían. Los escritos paulinos afirman de una manera abrumadora las implicaciones éticas de la santificación, la misma que indica que los creyentes tienen que vivir una vida de santidad como respuesta al Dios Santo, siendo capacitados para ello por el poder del Espíritu Santo.

Conclusión

Al culminar este estudio se pueden deducir dos lecciones. En primer lugar, a pesar de que la conversión es un acto genuino divino como una santificación inicial, esta es sólo el comienzo. En segundo lugar, si la santidad fuese el resultado de la conversión, entonces, los escritos de Pablo carecerían de sentido. En términos generales, Pablo presenta la santificación, tanto en su aspecto instantáneo como en su aspecto progresivo. De modo que es un error pensar que con una simple experiencia, a pesar de ser ésta necesaria y esencial, ya es suficiente. La vida santificada permite el crecimiento. Dicho crecimiento requiere la cooperación constante de los creyentes, como los imperativos de Pablo así lo sugieren. Ser santo es reconocer y expresar a diario nuestra nueva condición delante de Dios. Pablo parte de la suposición teológica de que, debido a su relación con Dios, el carácter de los cristianos tiene que ser radicalmente distinto al de los paganos. Los paganos se comportan como *"si no conociesen a Dios."* La santidad cristiana demanda vivir *"como es digno del Dios que os ha llamado a su reino y a su gloria"* (1 Ts. 4:5; 2:12; 4:7).

Los imperativos utilizados por Pablo en Ro. 6:15-23 indican que la actividad santificadora afecta la totalidad de la existencia del creyente. La santificación no puede ser restringida ni reducida a simples motivos internos. Tiene que expresarse tangiblemente en el comportamiento externo de los creyentes. En tal sentido, la santificación, se hace visible en una renovación del carácter y la conducta del creyente. Comienza en nuestro corazón, pero se traduce visiblemente en todo aquello que hacemos con nuestras manos. No debe limitarse a los aspectos religiosos de la vida humana; Pablo insiste en que se trata de una transformación contracultural de todos los aspectos de la vida humana, inclusive del comportamiento sexual de los creyentes. Una entera santificación exige expresar plenamente, cada día, lo que significa ser el pueblo santo de Dios en el contexto en el cual vivimos.

Lo que se espera es que los creyentes alcancen la santidad antes del retorno del Señor. Dios exige que su pueblo viva en integridad, ya que les ha dado Su Espíritu Santo para que vivan conforme al carácter de Cristo, preparándose para su venida. Consecuentemente, resulta correcto afirmar que cuando Dios transforma la vida del pecador y le traslada a un estado de gracia, también le libra de su atadura natural al pecado. En tal sentido, se puede afirmar que donde la gracia reina y actúa, está presente la rectitud ética y la santidad. El siguiente corolario es cierto: Donde no hay justicia moral, no existe una verdadera ni auténtica gracia, porque la "gracia transforma" (Ro.5:21).

Es falso que un cambio de vida no implique un cambio de conducta. El cambio de conducta tiene que darse. Ya que de la misma manera que el pecado es tanto una forma de vida como una práctica de vida.. La vida cristiana no tiene que caracterizarse por una actitud de complacencia con el pecado. Luego de haber discutido la justificación por la fe y la gracia de Dios en Romanos, el apóstol enfatiza el efecto que la gracia de Dios tiene sobre los creyentes. Pablo se distancia así de los predicadores contemporáneos que insisten en que los creyentes pueden no ser diferentes de los impíos en términos de estilo de vida. Entre estos se encuentran los que sugieren o enseñan que, aunque judicialmente libre de pecado, el cristiano tiende hacia la "carnalidad." A menudo, incluso sin darse cuenta, estas enseñanzas apoyan la creencia de que el pecado tiene todavía dominio sobre la vida del creyente, llevando así a unos hacia una auto-decepción y a otros a un letargo espiritual. La gracia de Dios transforma y, cuando la transformación no es visible, resulta difícil creer que allí esté presente la gracia. La gracia de Dios cambia completamente la vida de una persona, y si no la ha cambiado, es porque la gracia de Dios no está presente en esa persona. Como se indica en el texto bíblico, un corazón cambiado, se expresa en la práctica de las buenas obras (Tit. 2:11-14).

NOTAS

[1] Joel R. Beeke, *God's Call to Sanctiification* (Edinburgh: Banner of Truth Trust, 1994), 6.
[2] G. Strecker, "Εὐαγγελίζω," s.v. *Exegétical Dictionary of the New Testament*. Vol.2. H. Balz y G. Scheider, eds. (Grand Rapids: Eerdmans, 1990), 70.
[3] La frase literalmente significa *"Eso nunca acontezca."* La fuerza que pone sobre el argumento es evidente en las distintas maneras en que es traducida, por ejemplo, como una expresión idiomática *"En ninguna manera"* (RVR 1960), *"¡De ningún modo!"* (LBA), *"De ninguna manera"* (RVR 1995), *"¡Por supuesto que no!"* (BLS).
[4] Manfred T. Brauch, *Hard Sayings of Paul*, (Downer's Grove: InterVarsity, 1989), 39.
[5] Ver C.A.A. Scout, *Christianity according to St. Paul* (Cambridge: Cambridge University, 1932), 162. "Lo importante es tener en cuenta cuántos aspectos del símbolo se corresponden con lo que simboliza."
[6] Douglas Moo, *Romans 1-8*. Wycliffe Exegetical Commentary (Chicago: Moody Press, 1991), *Romans*, 376. Otros estudiosos concuerdan con esta posición. Entre estos: C.K. Barreto, *Commentary on la Epistle to thes Romans* (Nueva Cork: Harper & Row, 1974), 122; C.E.B. Cranfield, *A Critical and Exegetical Commentary on the Epistle to the Romans*. The Internacional Critical Commentary (Edimburgo: T & T Clark, 1979), 301; Leon Morris, *Romans* (Grand Rapids: Eerdmans), 247.
[7] Moo, Romans 1-8, 382-83: "Es imposible colocar en dos compartimientos diferentes el lenguaje 'jurídico' y el lenguaje 'participatorio' de Pablo. Cualquier explicación sobre el papel del bautismo en Romanos 6 debe tener en cuenta el papel crucial de la fe como el medio por el cual se alcanza la relación con Cristo"
[8] Richard B. Gaffin, Jr., *Resurrection y Redemtion: A Study in Paul Soteriology*, 2da ed. (Phillipsburg: Presbyterian and Reformed, 1987), 47. Este también concluye: "Si solo la primera fuese el caso, Pablo argumentaría directamente desde el evento único de la resurrección de Cristo hasta la nueva vida del creyente, lo que conduciría a una pausa completamente ajena a los intereses y estructura del pensamiento presentado en el contexto inmediato (6:1-7:6). El énfasis de Pablo es que la muerte con Cristo -al pecado y a la ley- incluye una experiencia que excluye la posibilidad de continuar en esclavitud al pecado. En consecuencia, resucitar con Cristo, envuelve también un aspecto existencial."
[9] Murray, *The Epistle to the Romans*. NICTN (Grand Rapids: Eerdmans, 1968, 1990), 218. Pablo utiliza la palabra σύμφυτοι para expresar la unión del creyente con Cristo. Esta palabra significa "creciendo juntos" BAGD). Es comúnmente aceptado que la misma se deriva de συμφύω, "hecho para crecer juntos" y no de συμφυτεύω, "plantados juntos," lo cual significa crecer uno al lado del otro. Goder, *Romans*, 242, dice que este adjetivo "denota la unión orgánica mediante la cual uno comparte la vida, crecimiento y existencia de otro."
[10] τοντο γινώυκοντεζ οτι puede tomarse como alusión a algún conocimiento experimental que los cristianos poseían y al que Pablo se refiere como una

confirmación de lo que ya ha planteado, o usando el participio en su sentido casual (vea A. T. Robertson, *A Grammar of the Greek New Testament in the Light of Historical Research* [Nashville: Broadman, 1934], 1128), o como el comienzo de un nuevo párrafo en el que está a punto de introducir puntos relevantes a su argumento.

[11] Consulte, Richard R. Melick, Jr., *Philippians, Colossians, Philemon*, The New American Commentary (Nashville: Broadman, 1991), 295.

[12] J. R. Stott lo deja bien en claro cuando afirma: "El 'viejo hombre' denota, no nuestra vieja naturaleza sin regenerar, sino nuestra vida antigua sin regenerar... 'quien éramos ante'... De modo que lo que fue crucificado con Cristo no fue parte de mi antigua naturaleza, sino mi yo completo, antes de que me convirtiera." *Men Made New: An Exposition of Romans 5-8* (Londres: Inter Varsity, 1966), 45; Vea Murray, *Romans*, 219; Cranfield, *Romans*, 309.

[13] Herman Ridderbos, *Paul: An Outline of His Theology*. John R. De Witt, trad. (Grand Rapids: Eerdmans, 1975), 62. El sostiene que el contraste entre la vieja criatura y la nueva criatura debe tomarse, "no en el sentido del *ordo salutis*, sino en el de la historia de la redención;... no en un sentido personal o ético, sino en un sentido escatológico, redentor-histórico." Ridderbos está en lo correcto al indicar que ni el viejo ni el nuevo hombre pertenecen al *ordo salutis*. Sin embargo, quitarle a ambos conceptos su sentido ético es no hacerle justicia al pasaje. Como he tratado de demostrar en la discusión de estos conceptos, el énfasis primordial de Pablo en el versículo 6, así como dentro de ese contexto, tiene relación con la transformación radical y la nueva condición que la unión por la fe tiene sobre la vida histórica del creyente.

[14] Thayer interpreta "nuestro viejo hombre... como lo que éramos antes. Nuestra forma de pensar, sentir, y actuar han sido cambiados." Vea Joseph H. Thayer, "A Greek-English Lexicon of the New Testament" (Nueva York: American Book Co, 1886), 474. Cremer sostiene que el término "viejo hombre" "designa un modo particular o una manifestación de la naturaleza humana...naturaleza humana... como el individuo es su forma natural." Vea Hermann Cremer, *Biblio-Theological Lexicon of New Testament*, trad. William Urwick (Edinburgh: T & T Clark, 1962), 105. Ardnt y Gringrich usan el término para referirse al hombre sin regenerar. cf BAGD, 610.

[15] Robertson, *Grammar*, 915, mientras que por un lado reconoce que los indicativos no necesariamente garantizan la realidad de algo, sí indican que su estado es verdadero. "Lo único que se implica es su realidad."

[16] Richard E. Howard, *Newness of Life: A Study in the Throght of Paul*. (Kansas City: Beacon Hill, 1975), 102.

[17] Howard, *Newness of Life*, 102. Su observación es bastante útil. Afirma lo siguiente: "Cuando se le impone a un término o concepto una interpretación teológica rígida sin tomar en consideración su contexto, como ocurre en otros lugares, el resultado es una hermenéutica bíblica que destruye la autoridad de las escrituras."

[18] Frederick Godet, *Romans* (Grand Rapids: Kregel Publications, 1977), 245.

Notas

[19] D.E.H. Whiteley, *The Theology of St. Paul* (Oxford: Basil Blackwell, 1964), 42.
[20] Vea Moo, *Romans 1-8*, 395. Para otros puntos de vista sobre este versículo, particularmente con respecto a la terminología de la santificación, consulte, Bruce, *Romans*, 131; Murria, *Romans*, 222.
[21] Vea Roger Bowen, *A Guide to the Romans* (Quenzon City: New Day Publishers, 1997) 85.
[22] Por un lado se reconoce que el aoristo denota una acción simple al enfatizar la acción en si.. En otras palabras, conlleva el sentido de algo momentáneo, incluso de algo que ocurre una sola vez. Sin embargo, el sentido momentáneo del aoristo, no excluye ni niega la posibilidad de una acción continua. Por ejemplo, uno de los usos del aoristo es indicar el comienzo de una acción o la secuencia de un proceso. El contexto debe determinar su uso apropiado.
[23] C. H. Dodd, *The Epistle to the Romans*. The Moffatt New Testament Commentary (Nueva York: Harper and Brothers, 1932), 98. La pregunta crítica de Dodd, "¿Acaso esta 'esclavitud a la justicia'no se aplica mejor a la vida bajo la ley que a la condición de la libertad cristiana?" debe ser contestada con un enfático no.
[24] Pablo está conciente de que la esclavitud es una metáfora indigna, inadecuada y capaz de provocar tergiversaciones como para describir la relación del creyente con Dios (véase v.19a). Sin embargo, él considera que esa es la mejor manera de transmitir la idea de un compromiso, pertenencia, y responsabilidad total hacia Dios.
[25] "A si mismos" es usado para reflejar el término *mélē* que Pablo utiliza en referencia a los Romanos. Estos entregaron "sus miembros" al pecado. Vea 1 Co. 12:20, 24-26. Para Pablo, los miembros no se controlan a si mismos, sino que son responsables ante Dios. Lo que Pablo sostiene en Ro. 6.19 es que la persona era esclava del pecado en su totalidad (ver Ro. 6.3 en donde Pablo alterna *ta mélē* con *heautous*).
[26] David Peterson, *Possesed by God: A New Testament Theology of Sanctification and Holiness* (Leicester, England: Apollos, 1995), 142.
[27] A. T. Robertson, *Word Pictures of the New Testament* (Nashville: Broadman Press, 1932, 33), 4:365.
[28] James Denney, "St. Paul Epistle to the Romans" *The Expositor's Greek New Testament*, Vol. 2 (Grand Rapids: Eerdmans, 1988), 2:636.
[29] Vea Denney, "Romans," 234 n.21; H. A. W. Meyer, *The Epistle to the Romans*, MeyerK. 2 Vols., (Edinburgh: T & T Clark, 1881, 1884), 1:311.
[30] Ibíd., 636.
[31] James Fraser, *A Treatise on Sanctification* (Audubon, NJ: Old Path Publications Antigua, 1992).
[32] Introducción de Sinclair Ferguson, *A Treatise on Sanctification*, iv.
[33] Para un estudio detallado sobre este pasaje, así como una bibliografía exhaustiva, consulte Michael Paul Middendorf, *The "I" in the Storm* (San Louis, Missouri: Concordia Press, 1997).
[34] Murray, *Romans*, 239.

³⁵ Robert C. Tannehill, *Dying and Rising with Christ: A Study in Pauline Theology*, (Berlin: Toppleman, 1967), 43.
³⁶ A. J. M. Wedderburn, "¿Hellenistic Christian Tradition in Romans 6?" *New Testament Studies* 29 (1982), 338.
³⁷ Literalmente significa "ser amo o señor", "gobernar", "controlar", "reinar."
³⁸ No existe consenso sobre lo que la justicia de Dios significa. En mi opinión, la justicia de Dios no es solo imputada, sino también impartida.
³⁹ El tema de la "carne" se explicará más en el próximo capítulo.
⁴⁰ La enseñanza de la ley es uno de los temas más importantes y, a la vez, confusos en los escritos de Pablo. A pesar de lo mucho que ha sido estudiado todavía no existe consenso sobre su metodología o resultados. Snodgrass dice: "Las diferencias metodológicas han sido amplificadas a tal extremo, por tradiciones eclesiásticas e inquietudes existenciales, que es muy difícil determinar qué fue lo que Pablo dijo." Consulte, Klyne Snodgrass, "Spheres of influence as a possible solution to the problem of Paul and the Law ", JSNT 32 (1988):93-113.
⁴¹ Además Richard N. Longenecker, *Galatians*, Word Biblical Commentary (Dallas: Word Books, 1990), 91; Tannehill, *Dying and Rising*, 55.
⁴² Contra Tannehill, *Dying and Risin,* 56.
⁴³ Tannehill, *Dying and Rising*, 57.
⁴⁴ Donald Guthrie, *New Testament Theology* (Inglaterra: Inter-Varsity, 1981), 646.
⁴⁵ J. G. D. Dunn, *Romans 1-8*, Word Biblical Commentary (Dallas: Word Books, 1988), 359.
⁴⁶ Moo, *Romanns 1-8*, 437. Este autor acierta al describir esta interpretación como "minimalista" y cuando la considera como una reacción extrema en contra de la interpretación alegórica.
⁴⁷ Stanley K. Stowers, *A reading of Romans: Justice, Jews, and Gentiles* (New Haven: Imprenta de la Universidad de Yale, 1994), 258-269.
⁴⁸ Agradezco a Dean Flemming por dirigir mi atención al hecho de que en décadas recientes la tendencia entre los estudiosos ha sido intentar igualarlas.
⁴⁹ Los estudiosos difieren en cuanto a si esta sección forma parte de los capítulos 5 al 8 (C.E.B. Cranfield, *Romans*, Vol.1., ICC [Edinburgh: T & T Clark, 1975]; Douglas Moo, *Romans 1-8*; Dunn, *Romans 1-8*; Gordon Fee, *God's Empowering Presence: The Holy Spirit in the Letters of Paul* [Peabody: Hendrickson Publishers, 1994], 499). Este escritor asume la última posición.
⁵⁰ F. Godet, *Commentary on St. Paul's Epistle to the Romans* (Grand Rapids: Zondervan, 1969), 295 cita a Spener cuando dice que "si la santa escritura fuese una sortija, y la Epístola a los Romanos su piedra preciosa, el capítulo 8 sería, entonces, el punto brillante de la gema."
⁵¹ Kaylor, *Paul's Covenant Community*, 141-142.
⁵² Ver lo que Fee, *God's Empowering Presence,* 517, dice sobre Ro. 5:1-8:39: "...no obstante, el Espíritu es la clave al todo: Dios en su amor está creando un pueblo para su nombre, aparte de la ley...todo esto se concretiza en la iglesia -y en el creyente- por medio del Espíritu que Dios ha dado."
⁵³ Vea Howard, *Newness of Life*, 160.

Notas

[54] Fee, *God's Empowering Presence*, 516-517.
[55] Ro. 7:6 es la premisa esencial de la que parte Ro. 8, ya que es claro que esa perspectiva de la fe que Pablo desarrolla en el capítulo. 8 ya estaba presente en el argumento del capítulo. 7.
[56] Roger Bowen, *A Guide to Romans* (Quenzon City, Las Filipinas: New Day Publishers, 1997), 102.
[57] Adam Clarke, "Romans" en *Clarke's Commentary: Matthew-Revelation* (Nashville: Abindgon, n.d.), 93.
[58] Denney, Romans, 644.
[59] Kaylor, *Paul's Covenant Community*, 150.
[60] Vea Clifton J. Allen, *The Gospel According to Paul: A Study of the Setter to the Romans* (Nashville: Convention Press, 1958), 88.
[61] Contra Kaylor, *Paul's Covenant Community*, 144.
[62] Howard, *Newness of Life*, 163.
[63] John Wesley, *Explanatory Notes on the New Testament*. Londres: Epworth Press, 1950.
[64] William G. Greathouse, *The Epistle to the Romans* (Kansas City: Beacon Hill Press, 1996), 61.
[65] Udo Schnelle, *The Humann Condition*, O.C. Dean Jr., trad. (Minneapolis: Fortress Press, 1996), 61.
[66] Contra Fee, *God's Empowering Presence*, 543 n.213 quien sostiene una interpretación individualista.
[67] Trevor J. Burke, "Adoption and the Spirit in Romans 8," *EQ* 70/4 (1998), 311-324.
[68] Leon Morris, *The Epistle to the Romans* (Leicester: Inter-Varsity Press, 1988), 311.
[69] En consecuencia, en el versículo 13, γάρ debe ser tomado como una explicación.
[70] E. Kasemann, *Romans*, 226 y Dunn, *Romans*, 450.
[71] Burke hace la observación de que el BAGD no incluye "guiar" como uno de los significados posibles del verbo άγω (ago). En cambio, coloca al pasaje bajo 'ser conducido/o dejar que otro le conduzca', lo cual es totalmente diferente.
[72] Aunque no puede ser del todo excluido.
[73] William Hendriksen, *Commentary on the Epistle to the Romans* (Grand Rapids: Baker Book House, 1981), 100.
[74] Sinclair B. Fergunson, *The Christian Life: A Doctrinal Introduction* (Edimburgo: Banner of Truth Trust, 1981), 100.
[75] Schreiner, *Romans*, 423.
[76] Para un análisis más detallado sobre el tema de la adopción en Pablo, consulte el libro de James M. Scott, *Adoption as Son of God. An Exegetical Investigation into the Background of ΥΙΟΘΕΣΙΑ in the Pauline Corpus*. WUNT 2/48. Tübingen: Paul Siebeck, 1992.
[77] Queda todavía el debate académico sobre cómo συμμαρτυρει τω πνεύμματι ημων debe interpretarse. Ver para una mayor discusión, Daniel Wallece, Greek Grammar Beyond the Basics: An Exegetical Syntax of the New Testament

(Grnad rapids: Zondervan Publishing House, 1996), 160-161
78 L. H. Marshall, *The Ethics of the New Testament* (Londres: MacMillian, 1960), 259.
79 William Greathouse, *Wholeness in Christ: Toward a Biblical Theology of Holiness* (Kansas City, Beacon Hill Press, 1998), 120.
80 Kaylor, "Paul's Covenant Community," 153.
81 Ibíd., 155.
82 No se puede pasar por alto la yuxtaposición entre lo individual y lo comunitario.. Pablo se refiere a nuestra adopción como hijos (plural) y la redención de nuestro cuerpo (singular).
83 También aparece en otros pasajes importantes de la literatura paulina. Entre elloss: Ro. 1:23; 1 Co.11:7; 2 Co. 4:3; Col. 3:10
84 Allen, *Gospel According to Paul*, 95-96.
85 Bowens, *A Guide to Romans*, 118.
86 Ro. 6:15-23; Fil. 2:13; Col. 3:5, etc.
87 En lugar de utilizar "miembros", Pablo utiliza "cuerpos". Ambos se refieren a lo mismo.
88 Richard B. Hays, *The Moral Visiono of the New Testament* (San Francisco: Harper Collins Publishers, 1996), 196-197.
89 Bence, *Romans*, 218.
90 Ver también, *Holiness and Community in 2 Co. 6:14-7:1: Paul's View of Comunal Holiness in the Corinthian Correspondence* (Nueva York: Peter Lang, 2001)
91 Adewuya, *Holiness and Community*, 134.
92 Ibíd.
93 Furnish, *2 de Corinthians* 134.
94 Murphy-O' Connor, *Theology of 2 Corinthians* (Cambridge: Cambridge University Press, 1991), 108.
95 A. Andrew Das, "Oneness in Christ: The *Nexos Indivulsus* Between Justification and Sanctification in Paul's Letters to the Galatians", *Concordia Jornal* 21/2 (Abril 1995), 2-3.
96 Probablemente Longenecker está en lo correcto cuando indica que "el verbo en aoristo...puesto que identifica la crucifixión de la carne en la experiencia del creyente como un evento pasado, pero sin especificar el tiempo en que ocurrió, es mejor traducirlo como verbo perfecto 'han crucificado'." *Galatians*, 264.
97 De igual modo G.E. Ladd, *A Theology of the New Testament* (Grand Rapids: Eerdmans, 1974), 485.
98 Entiendo que cuando se interpreta de esa manera se preserva, tanto la fuerza de la voz activa, como el uso que Pablo hace de esta metáfora. Mientras que, por un lado, se evita la tentación de forzar una interpretación jurídica, por otro, se va en contra de la idea de que en este versículo la crucifixión se refiere a una continua auto-negación, o llevar la cruz a diario, como se desprende de los Evangelios.
99 De acuerdo a esta interpretación, Gá 5:24 "simplemente enfatiza que las 'pasiones' que operan en la 'carne' son crucificadas y vencidas por los cristianos; lo que ocurre durante el bautismo." Vea Wilhelm Michaelis, S.v. "πάθημα" *Theological Dictionary of the New Testament*. Eds. Kittel, G. y G. Friedrich. Traducido

Notas

por G. W. Bromiley, (Grand Rapids: Eerdmans, 1971), 7:583-4.

[100] J. Schneider, s.v. "σταυρόω" *Theological Dictionary of the New Testament* Eds. Kittel, G. y G. Friedrich. G. W. Bromiley, traductores (Grand Rapids: Eerdmans, 1971), 7:583-4.

[101] Michael Parsons, "El ser precede a la acción: Indicativos e Imperativos en los Escritos de Pablo," *Evangelical Quarterly* 88/2 (1988), 122.

[102] Parsons, "Indicativos e Imperativos." 119.

[103] Olive M. Winchester y Ross E. Price, *Crisis Experiences in the New Testament* (Kansas City: Beacon Hill Press, 1953), 71.

[104] George Allen Turner, *The Vision Which Transforms* (Kansas City: Beacon Hill Press, 1964), 88.

[105] Walters, *Perfection in New Testament Theology* (Lewiston, NY: Edwin Mellen Press, 1995), 214.

[106] Marvin R. Vincent, *Epístles to the Philippians and to Philemon*, ICC (Edinburgh: T & T Clark, 1897), 57.

[107] Ibíd., 8.

[108] Howard, *Newness*, 191.

[109] Walters, *Perfection*, 215.

[110] Ver también Ro. 1:27; 2:9; 4:5; 5:3; 2 Cor. 4:17; 5:5; 8:11; 11:11; 12:12; Ef. 6:13.

[111] G. Hawthorne, *Philippians*, Word Biblical Themes (Waco: Word Books, 1987), 94.

[112] Perosnalmente, después de haber examinado la evidencia, asumo que Pablo es el autor de este documento..

[113] Daniel Spross, Holiness in the Pastorals, *Biblical Resources for Holiness Preaching*, H. Ray Dunning y Neil B. Wiseman, eds. (Kansas City: Beacon Hill Press, 1990), 214.

[114] Spross, *Holiness in the Pastorals*, 223.

BIBLIOGRAFIA[1]

A. COMENTARIOS

Allen, Clifton J. *El evangelio según Pablo: un estudio de la Carta a los Romanos.* Nashville: Convention Press, 1958.

Barrett, C.K. *Comentario de la Epístola a los Romanos.* Nueva York: Harper & Row, 1974.

Beeke, Joel R. *El llamado de Dios a la santificación.* Edimburgo: Bannner of Truth Trust, 1994.

Bowen, Roger. *Guía a los Romanos.* Quenzon City: New Day Publishers, 1997.

Bruce, F.F. *Romanos.* Comentarios del Nuevo Testamento Tyndale. Edición Revisada. Grand Rapids: Eerdmans, 1985.

Clarke, Adam. "Romanos." En el Comentario de Clarke, Mateo-Apocalipsis. Nashville: Abindgon Press, n.d.

Cranfield, C. E. B. *Comentario Crítico-Exegético de la Epístola a los Romanos.* Comentario Crítico Internacional. Edimburgo: T & T Clark, 1979.

Denney, James. "La Epístola de San Pablo a los Romanos," *El Nuevo Testamento Griego del Expositor.* Ed. W. Robertson Nicoll. Reimpreso. Grand Rapids: Eerdmans, 1988.

Dodd, C.H. *La Epístola a los Romanos.* Comentario del Nuevo Testamento Moffat Nueva York: Harper and Brothers, 1932.

Dunn, J.G.D. *Romanos 1-8, Romanos 9-16.* Comentario Bíblico Word. Dallas: Word Books, 1988.

Edwards, James. *Romanos.* Nuevo Comentario Bíblico Internacional. Peabody: Hendrickson, 1992.

Fitzmyer, Joseph. "La Carta a los Romanos." El Nuevo Comentario Bíblico de Jerome. Eds. Brown, Raymond E., Joseph A. Fitzmyer, y Roland E. Murphy. Englewood Cliffs: Prentice Hall, 1990.

Godet, Frederick L. *Comentario sobre la Epístola de San Pablo a los Romanos.* Grand Rapids: Kregel, 1977.

Greathouse, William G. *La Epístola a los Romanos.* Kansas City: Beacon Hill Press, 1996.

G. Hawthorne. *Filipenses.* Temas Bíblicos de Palabra. Waco: Word Books, 1987.

---

[1] La mayoría de los libros consignados en la presente bibliografía se encuentran en el idioma inglés. Para mayor referencia, consulte con la librería de libros teológicos más cercana o con la casa editora, para averiguar si estos libros están traducidos al español.

Bibliografía

Kasemann, Ernst. *Comentario de Romanos*. Traducido y editado por G. W. Bromiley. Grand Rapids: Eerdmans, 1980.

Know, John. "La Epístola a los Romanos," Biblia del Intérprete, Vol. 9. Nueva York: Abingdon, 1954.

Lagrange, M.J. *San Pablo: Epístola a los Romanos*. Etudes Bibliques. Paris: Gabalda, 1950.

Leenhardt, Franz J. *La Epístola a los Romanos*. Traducción inglesa. Londres: Lutterworth, 1961.

Lenski, R. C. H. *La Epístola de San Pablo a los Romanos*. Minneapolis: Augsburg, 1945.

Longenecker, Richard N. *Gálatas*. Comentario Bíblico Word. Dallas: Word Books, 1990.

Meyer, H. A. W. *La Epístola a los Romanos*, MeyerK. 2 Vols. 1872. Reimpreso.
Edimburgo: T & T Clark, 1881, 1884.

Moo, Douglas. *Romanos 1-8*. Comentario Exegético de Wycliffe. Chicago: Moody Press, 1991.

Morris, Leon. *Romanos*. Grand Rapids: Eerdmans, 1988.

Murphy-O'Connor, Jerome. "La Segunda Carta a los Corintios." *Nuevo Comentario Bíblico de Jerome*. Eds. Brown, Raymond E., Joseph A. Fitzmyer, y Roland E. Murphy. Englewood Cliffs: Prentice Hall, 1990.

Murray, John. *La Epístola a los Romanos*. Nuevo Comentario Bíblico Internacional del Nuevo Testamento. Grand Rapids: Eerdmans, 1968, 1990.

Nygren, Anders. *Comentario de Romanos*. Traducido por Carl C. Rasmussen. Filadelfia: Fortress, 1949.

Sanday, W. y Headlam, A. C. *La Epístola a los Romanos*. Comentario Crítico Internacional. Edimburgo: T & T Clark, 1905.

Ziesler, John. *La Carta de Pablo a los Romanos*. Comentarios del Nuevo Testamento de Trinity Press. Londres: SCM, 1989.

B. ESTUDIOS PAULINOS

Adewuya, J. Ayodeji. *Holiness and Community in 2 Co. 6:14-7:1: Paul's View of Comunal Holiness in the Corinthian Correspondence*. Nueva York: Peter Lang, 2001

Bornkamm, Gunther. *Pablo*. Traducido por M. G. Stalker. Nueva York: Harper and Row, 1971.

_____. 'La revelación de Cristo a Pablo en el camino a Damasco y la doctrina de Pablo sobre la justificación y la revelación. Un estudio de Gálatas 1.' En *Reconciliación y Esperanza*. Ensayos del Nuevo Testamento sobre Expiación y escatología presentados ante L. L. Morris. Ed. R. J. Banks. Exeter: Paternóster, 1974.

Bouttier, Michel. *El cristianismo según Pablo*. Traducido por Frank Clarke. Londres: SCM, 1966.

Brauch, Manfred T., *Palabras Duras de Pablo*, Downer's Grove: InterVarsity, 1989.

Bruce, F. F. *Pablo y Jesús*. Grand Rapids: Baker, 1974.

_____. *Pablo, el apóstol de corazón libre*. Grand Rapids: Eerdmans, 1977.

Deismann, Adolf. *Pablo: Un estudio de la historia social y religiosa*. Traducido por W. E. Wilson. Nueva York: Harper & Row. 1926, 1957.

Dupont, J. "La conversión de Pablo y su influencia en su comprensión de la salvación por la fe." *La historia apostólica y el evangelio: Ensayos bíblicos e históricos presentados ante F.F. Bruce*. Eds. W. W. Gasque y R. P. Martin. Exeter: Paternóster, 1970.

Ellis, E. Earle. *Pablo y sus más recientes intérpretes*. Grand Rapids: Eerdmans, 1961.

Fee, Gordon. *La presencia omnipotente: el Espíritu Santo en las cartas de Pablo*. Peabody: Hendrickson Publishers, 1994.

Fitzmyer, Joseph. "Teología Paulina." El Nuevo Comentario Bíblico de Jerónimo. Eds. Brown, Raymond E., Joseph A. Fitzmyer, y Roland E. Murphy. Englewood Cliffs: Prentice Hall, 1990.

Furnish, V. P. *Teología y ética en Pablo*. Nashville: Abingdon, 1981.

Gaffin, Richard B. Jr., *Resurrección y Redención: Un estudio de la Soteriología Paulina*, 2da ed. Phillipsburg: Presbiteriano y Reformado, 1987.

Howard, Richard. *Novedad de vida: Un estudio sobre el pensamiento de Pablo*. Kansas City: Beacon Hill, 1975.

Hubner, Hans. *La ley en el pensamiento de Pablo*. Traducido por James C. G. Greig. Edimburgo: T & T Clark, 1984.

Kasemann, Ernst. *Perspectivas sobre Pablo*. Traducido por Margaret Kohl. Filadelfia: Fortress Press, 1971.

Kennedy, H. A. A. *La teología de las Epístolas*. Edimburgo: University Press, 1919.

Kim, S. *El origen del evangelio de Pablo*. Tübingen: Mohr, 1981.

Manson, T. W. *Sobre Pablo y Jesús*. Ed. M. Black. Londres: SCM, 1963.

Martin, Ralph P. *Reconciliación: Un estudio de la teología de Pablo*. Grand Rapids: Zondervan, 1989.

Bibliografía

Middendorf, Michael Paul. *El ojo de la tormenta*. San Louis, Missouri: Concordia Press, 1997.
Peterson, David. *Poseído por Dios: La teología del Nuevo Testamento sobre la Santificación*. Leicester, Inglaterra: Apollos, 1995.
Quek, Swee-hwa. "Adán y Cristo según Pablo" en *Estudios Paulinos: Ensayos dedicados a F.F. Bruce en su septuagésimo cumpleaños*. Eds. Hagner, Donald A. y J. Harris Murray. Grand Rapids: Eerdmans, 1980.
Ridderbos, Hermann. *Pablo: Un bosquejo de su teología*. Traducido por John R. De Witt. Grand Rapids: Eerdmans, 1975.
Robinson, H. W. *Personalidad corporativa en el antiguo Israel*. Libros Facet, Serie Bíblica, 11. Ed. J. Reumann. Filadelfia: Fortress, 1964.
Schnelle, Udo. *La condición humana*. Traducido por O.C. Dean Jr. Minneapolis: Fortress Press, 1996.
Schweizer, Albert. *Pablo y sus intérpretes*. Traducido por W. Montgomery. Nueva York: Schoken, 1912, 1964.
Scott, James A. *Adopción como hijos de Dios. Una investigación exegética sobre el trasfondo de ΥΙΟΘΕΣΙΑ en los escritos paulinos*. WUNT 2/48. Tübingen: Paul Siebeck, 1992.
Shedd, R.P. *El hombre en comunidad*. Grand Rapids: Eerdmans, 1964.
Stacey, W.D. *El concepto paulino del hombre*. Nueva York: San Martín, 1956.
Stendahl, K. *Pablo entre judíos y gentiles*. Filadelfia: Fortress, 1977.
Tannehill, Robert C. *Morir y resucitar con Cristo: Un estudio sobre la teología paulina*. Berlin: Toppleman, 1967.
Whiteley, D. E. H. *La teología de San Pablo*. Oxford: Blackwell, 1964.

C. OTRAS OBRAS

Barclay, William. *Espíritu y carne*. Grand Rapids: Baker, 1976.
Barr, James. *La semántica del lenguaje bíblico*. Londres: SCM, 1983.
Barth, K. "Rudolf Butlmann- tratando de entenderlo." En *Kerygma y Mito*. Eds. Hans-Werner Bartsch. Londres: SPCK, 1962.
Beasley-Murray, G.R. *El bautismo en el Nuevo Testamento*. Londres: MacMillian, 1962.
Best, E. *Un cuerpo en Cristo*. Londres: SPCK, 1965.
Bultmann, Rudolf. *Teología del Nuevo Testamento*. Traducido por Kendrick Grobel. Nueva York: Charles Scribner, 1955.
_____. *Existencia y fe*. Traducido por S. M. Ogden. Cleveland: World, 1960.
Conzelmann, Hans. *Bosquejo de la teología del Nuevo Testamento*. Traducido por John Bowden. Londres: SCM, 1969.

Corbett, P.E. *La ley romana sobre el matrimonio.* Reimpreso. Oxford: Clarendon, 1969.
Cremer, Hermann. *Léxico bíblico-teológico del Nuevo Testamento griego.* Traducido por William Urwick. Edimburgo: T & T Clark, 1962.
Daube, D. "Participio e imperativo en 1 de Pedro." En E. G. Selwyn. *La Primera Epístola de Pedro.* Londres: Macmillian, 1947.
Dunn, J. G. D. *El bautismo en el Espíritu Santo.* Londres: SCM Press, 1971.
Ervin, Howard M. *Conversión-iniciación y el bautismo en el Espíritu Santo.* Peabody, Massachusetts: Hendrickson, 1984.
Ferguson, Sinclair B. *La vida cristiana: Una introducción doctrinal.* Edimburgo: Banner of Truth Trust, 1981.
Fraser, James. *Tratado sobre la Santificación.* Audubon, NJ: Publicaciones Senda Antigua, 1992.
Gemeren Van, W.A. "La solidaridad de la raza." *Diccionario evangélico de teología.* Ed. Walter A. Elwell. Grand Rapids: Baker, 1984.
Goppelt, Leonhard. *Teología del Nuevo Testamento.* Traducido por John E. Asup. Grand Rapids: Eerdmans, 1982.
Greathouse, William. *Perfectos en Cristo: Hacia una teología bíblica de la santidad.* Kansas City: Beacon Hill Press, 1998.
Gundry, Robert. *Soma dentro de la teología bíblica.* Cambridge: Cambridge University Press, 1976.
Guthrie, Donald. *Teología del Nuevo Testamento.* Inglaterra: Inter-Varsity, 1981.
Harrisville, Roy. *El concepto de novedad en el Nuevo Testamento.* Minneapolis: Augsburg, 1960.
Hasel, Gerhard F. *Teología del Nuevo Testamento: Temas básicos en el debate actual.* Grand Rapids: Eerdmans, 1978.
Kümmel, W. G. *El Nuevo Testamento: historia de investigaciones sobre sus problemas.* Traducido por S. Mclean Gilmour y Howard C. Kee. Nashville: Abingdon, 1972.
_____. *La teología del Nuevo Testamento de acuerdo a sus mayores testigos.* Nashville & Nueva York: Abingdon, 1973.
Ladd, G. E. *Una teología del Nuevo Testamento.* Grand Rapids: Eerdmans, 1974.
Longenecker, Richard. *El mensaje y ministerio de Pablo.* Grand Rapids: Baker, 1971.
Macquarrie, John. *Estudios sobre el existencialismo cristiano.* Filadelfia: Westminster, 1965.
Marshall, L. H. *La ética del Nuevo Testamento.* Londres: MacMillian, 1960.
Mascall, E. L. *Cristo, el cristiano y la iglesia.* Londres: Longmans, 1940.

Bibliografia

Meeks, W. A. *Los primeros cristianos urbanos.* New Haven: Yale University Press, 1983.

Michaelis, Willhelm. S.v. "πάθημα" *Diccionario Teológico del Nuevo Testamento.* Eds. Kittel, G. y G. Friedrich. Traducido por Bromiley, G. W. 10 Vols. Grand Rapids: Eerdmans. ET 1964-1978.

Nielson, John B. *En Cristo.* Kansas City: Beacon Hill, 1960.

Oepke, Albrecht. S.v. "ξν" *Diccionario Teológico del Nuevo Testamento.* Eds. Kittel, G. y G. Friedrich. Traducido por Bromiley, G. W. 10 Vols. Grand Rapids: Eerdmans. ET 1964-1978.

Purkiser, W. *Santificación y sus sinónimos.* Kansas City: Beacon Hill, 1961.

Robertson, A. T. *Gramática del griego del Nuevo Testamento a la luz de investigaciones históricas.* Nashville: Broadman, 1934.

Schneider, J.S. , S.v. "σταυρόω" *Diccionario Teológico del Nuevo Testamento.* Eds. Kittel, G. y G. Friedrich. Traducido por Bromiley, G. W. Grand Rapids: Eerdmans. ET 1964-1978.

Schrenk, G. S. S.v. "δικαιόω." *Diccionario Teológico del Nuevo Testamento.* Eds. Kittel, G. y G. Friedrich. Traducido por Bromiley, G. W. Grand Rapids: Eerdmans. ET 1964-1978.

Scott, C. A. A. *El cristiano según Pablo.* Cambridge: Cambridge University Press, 1932.

Smedes, Lewis B. *Unión con Cristo.* Grand Rapids: Eerdmans, 1983.

Spross, Daniel. *Santidad en las Pastorales*, Recursos Bíblicos para predicar la Santidad, Dunning, H. Ray y Neil B. Wiseman, Eds. Kansas City: Beacon Hill Press, 1990.

Stewart, James. *Un hombre en Cristo.* Nueva York: Harper and Row, 1935.

Stott, J. R. *El hombre nuevo: Una exposición de Romanos 5-8.* Grand Rapids: Baker, 1966.

_____. *Libertad esencial.* Inglaterra: Inter-Varsity, 1988.

Thayer, Joseph H. *Léxico del Nuevo Testamento Griego- Inglés.* Nueva York: American Book Co, 1886.

Trench, R. C. *Sinónimos del Nuevo Testamento.* Reimpreso. Grand Rapids: Eerdmans, 1969.

Warfield, B. B. *Estudios teológicos.* Edimburgo: Banner of Truth, 1988.

D. ARTICULOS DE REVISTAS

Black II, C. C., "Perspectiva paulina sobre la muerte en Romanos 5-8." *Journal of Biblical Literature* 103/3 (1984): 413-433.

Black, M. "La doctrina paulina sobre el segundo Adán." *Scottish Journal of Theology* 7 (1954): 170-179.

Brendan Bryne, S. J., "Viviendo la justicia de Dios: La contribución de Rom. 6:1-8:13 a la comprensión de las presuposiciones éticas de Pablo." *Catholic Bible Quaterly* 43 (1981): 557-581.

Burke, Trevor J. "Adopción y Espíritu en Romanos 8," *EQ* 70/4 (1998): 311-324.

Parsons, Michael. "El ser precede a la acción: Indicativos e Imperativos en los escritos de Pablo," *Cuatrienio Evangélico* 88/2 (1988):99-127.

Snodgrass, Klyne. "Esfera de influencia: Una posible solución al problema de Pablo y la Ley." *Journal for the Studies of the New Testament* 32 (1988):93-113.

Strecker, Georg. "Indicativo e imperativo de acuerdo a Pablo." *Australian Biblical Review* 35 (1987): 60-72.

Wedderburn, A. J. M. "Algunas observaciones sobre el uso que hace Pablo de las frases 'en Cristo' y 'con Cristo'." *Journal for the Studies of the New Testament* 25 (1985): 83-97.

Wedderburn, A. J. M. "¿Tradiciones helenísticas en Romanos 6?" *New Testament Studies* 29 (1982):337-355.

Yates, Roy. "El estilo de vida cristiano: El material panegírico en Colosenses 3:1-6." *Evangelical Quaterly* 63/3 (1991): 241-251.

www.ingramcontent.com/pod-product-compliance
Lightning Source LLC
Chambersburg PA
CBHW032236080426
42735CB00008B/878